Learn Letters in Spanish
with Camron & Chloe

Denver International SchoolHouse

Learn Letters in Spanish with Camron & Chloe
Denver International SchoolHouse

© 2020 Denver International SchoolHouse

All rights reserved. No part of this publication may be reproduced, stored in a retrieval system or transmitted in any form or by any means, electronic, mechanical, photocopying, recording or otherwise without the prior permision of the publisher or in accordance with the provisions of the Copyright, Designs and Patents Act 1988 or under the terms of any licence permitting limited copying issued by the Copyright Licensing Angency.

ISBN : 978-0-578-35718-8

Nombre:_____

B  b

*Sigue las letras **B** y **b** para dibujar el camino hacia el tesoro.*

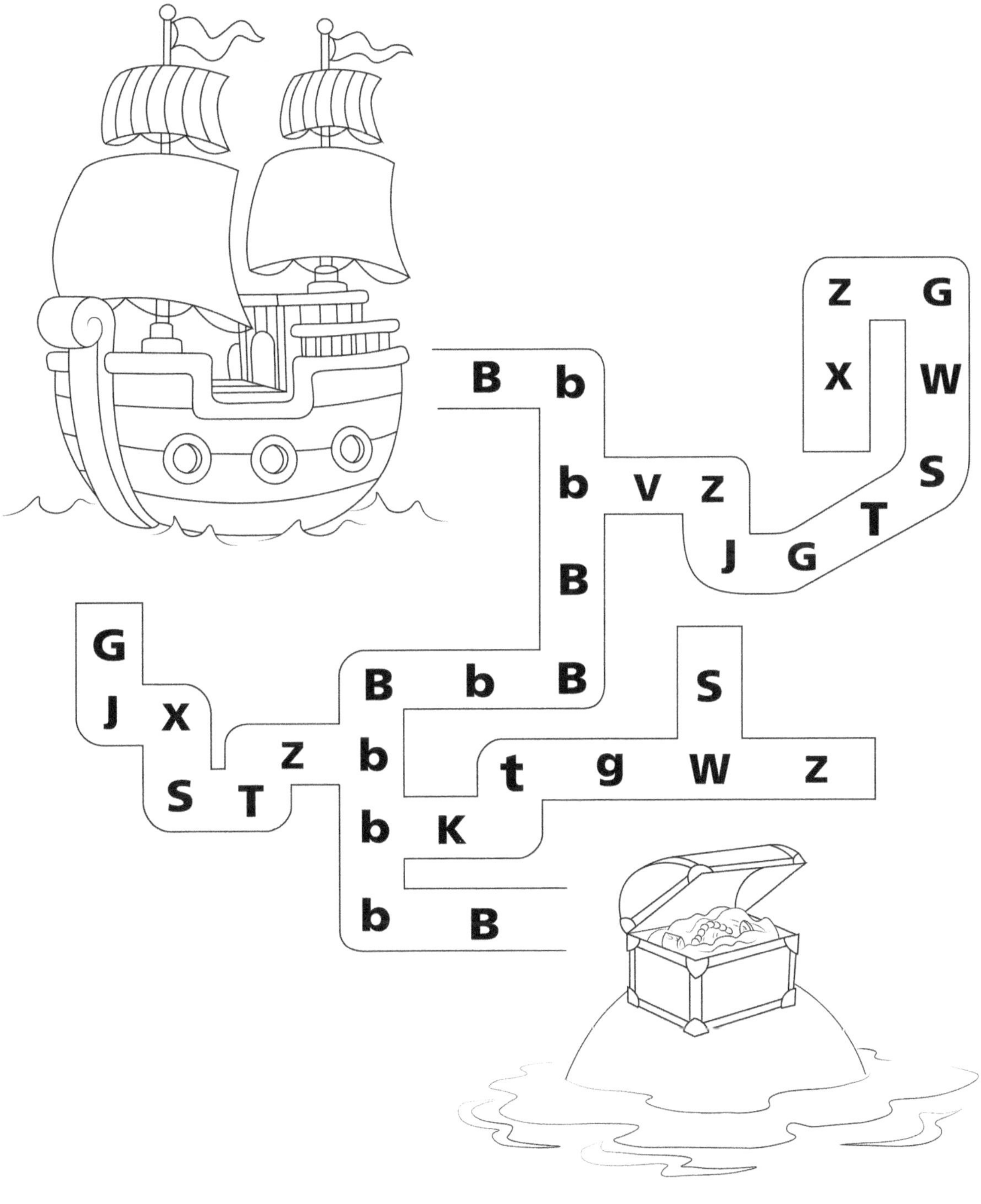

Nombre:_____

Traza las letras.

mayúscula

Ahora, practique escribiendo la letra **B** por su cuenta.

Denver International SchoolHouse

Nombre:_____

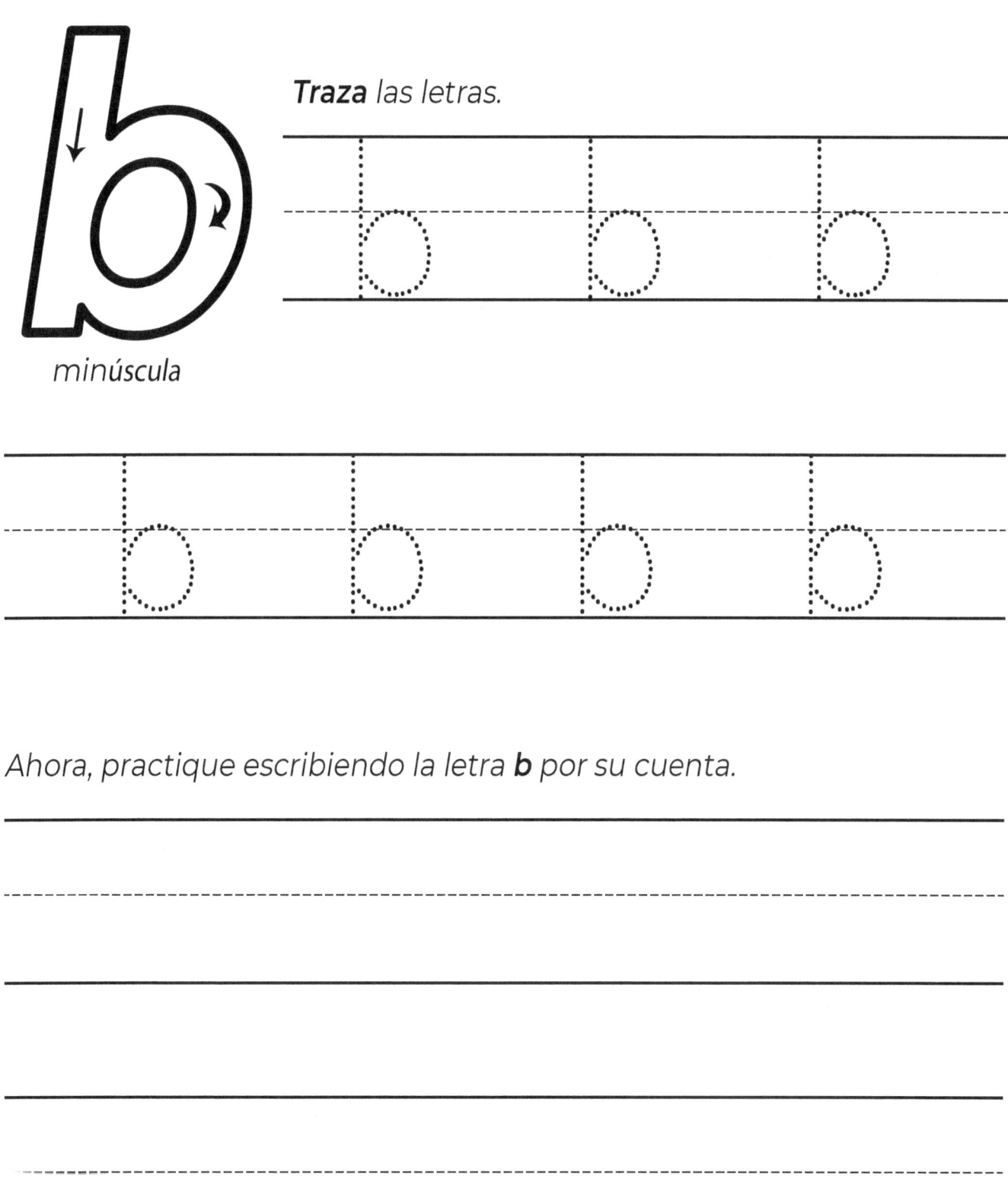

minúscula

Traza *las letras.*

Ahora, practique escribiendo la letra **b** por su cuenta.

Denver International SchoolHouse

Nombre:_____

Traza.

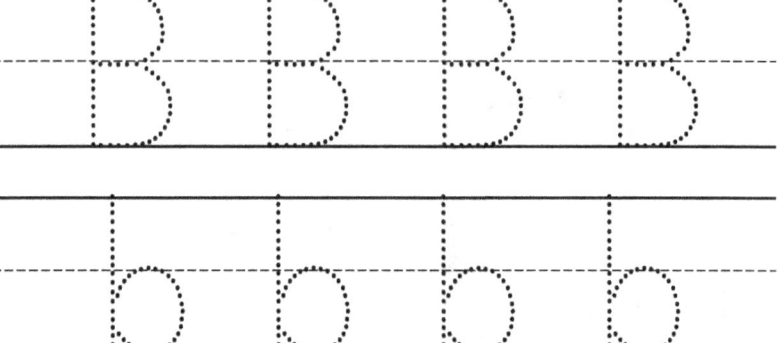

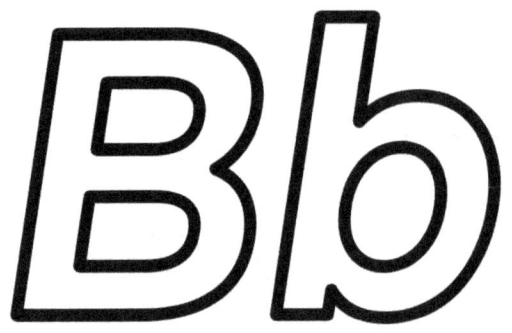

Encuentra.

Escribe.

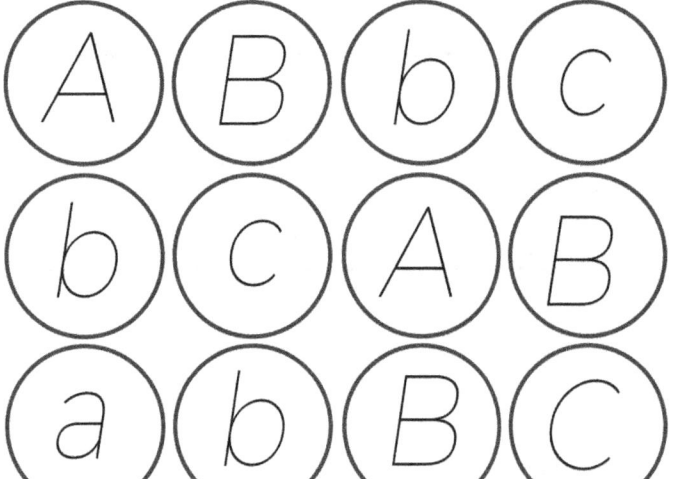

Corta y Pega.

Denver International SchoolHouse

Nombre:_____

Sonido inicial Bb

Colorea la Ballena.

Nombre:______________________

N n

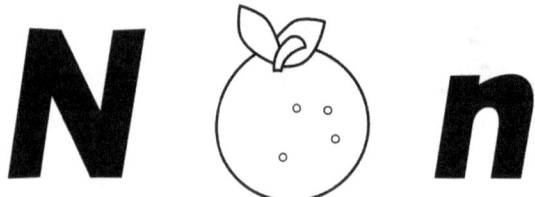

Circula las naranjas que contengas las letras **N** *y* **n**.

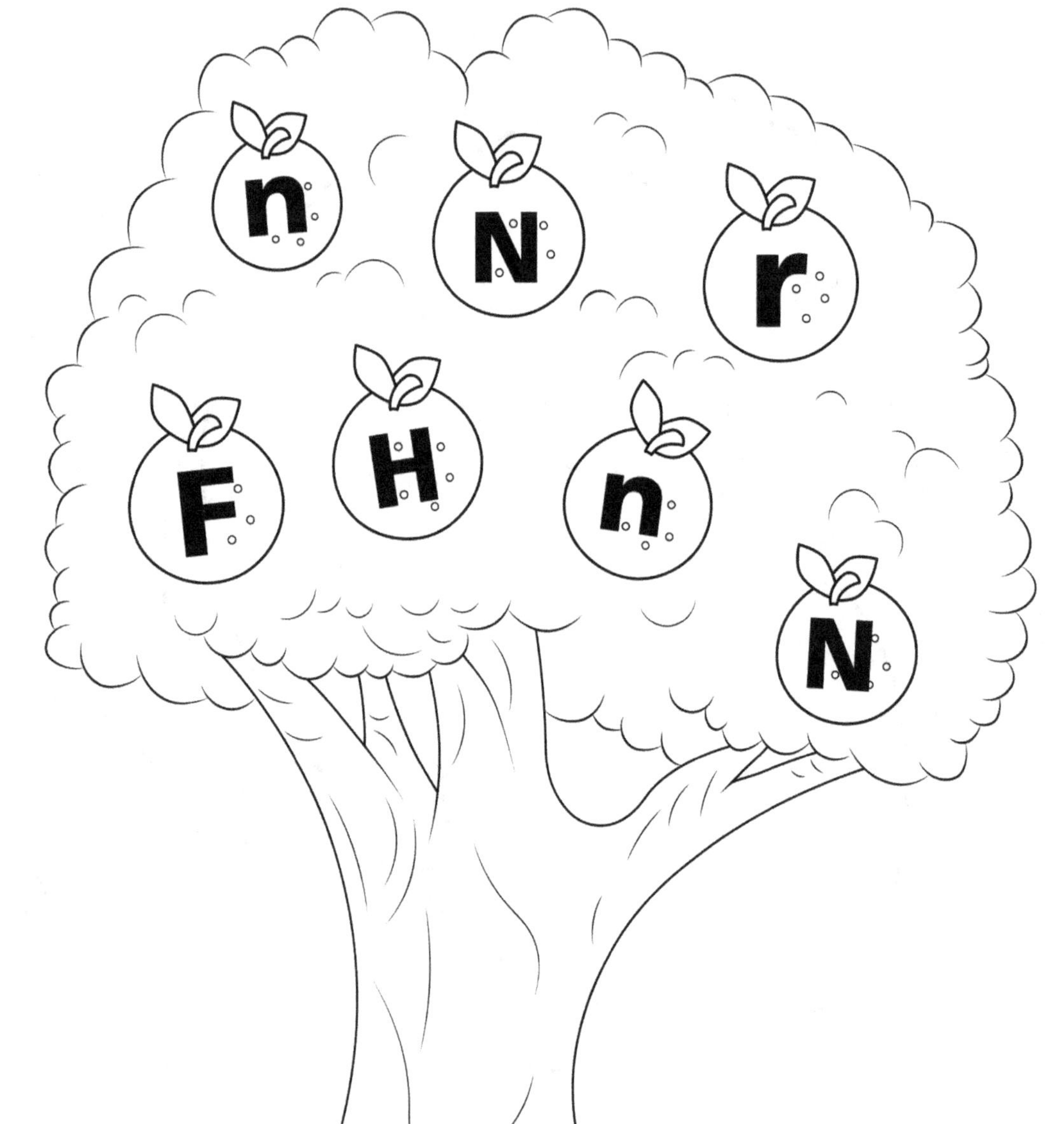

Nombre:_____

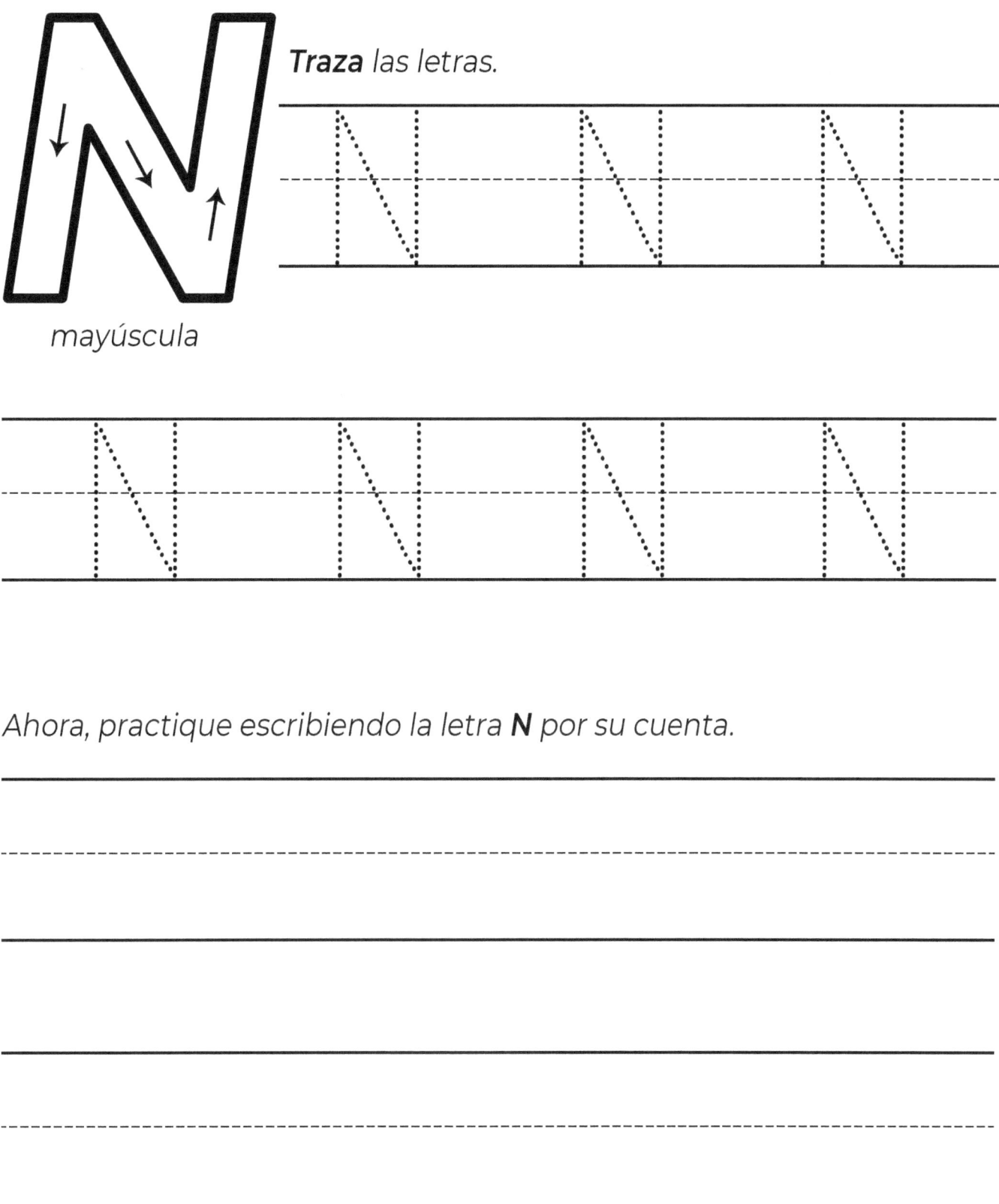

Traza las letras.

mayúscula

Ahora, practique escribiendo la letra **N** por su cuenta.

Nombre:_____

Traza las letras.

n   n   n

minúscula

n   n   n   n

Ahora, practique escribiendo la letra **n** por su cuenta.

Denver International SchoolHouse

Nombre:_____

Traza.

Encuentra.

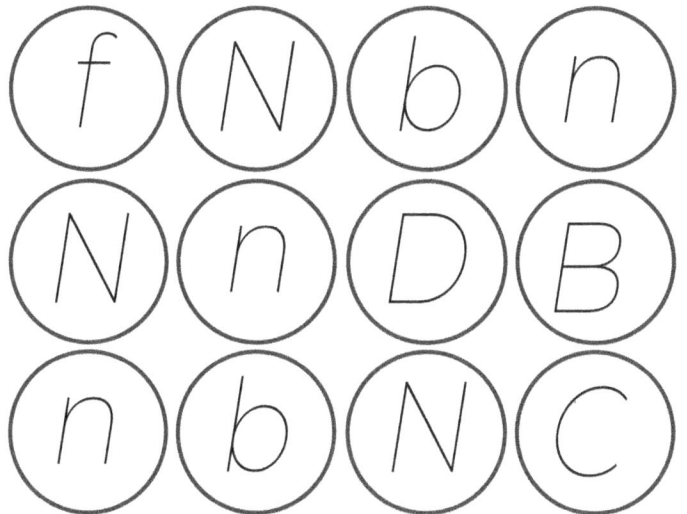

Escribe.

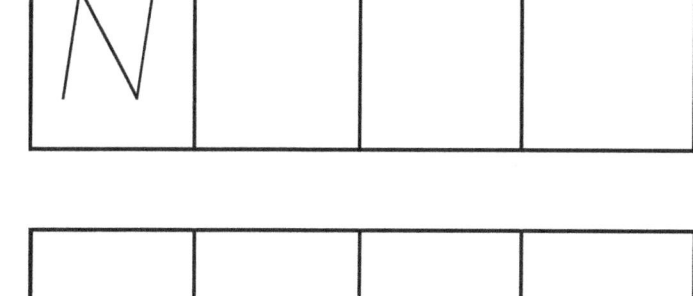

Corta y Pega.

B
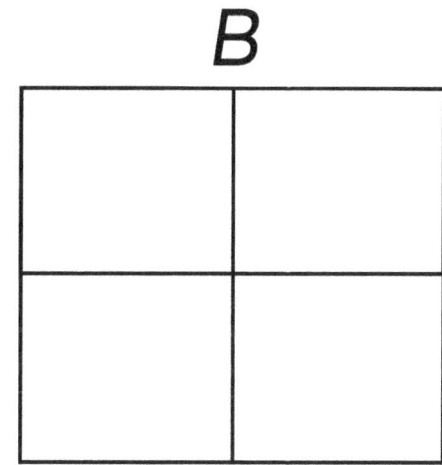

b
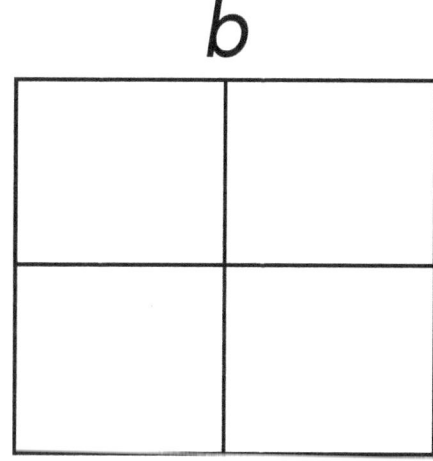

| n | n | N | N | n | N | n | N |

Nombre:_____

Sonido inicial Nn

Colorea la Niña y el Niño.

Nombre:_____

RR 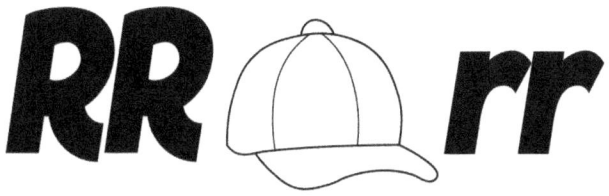 rr

Circula las gorras que contengas las letras RR y rr.

Nombre:_____

Traza las letras.

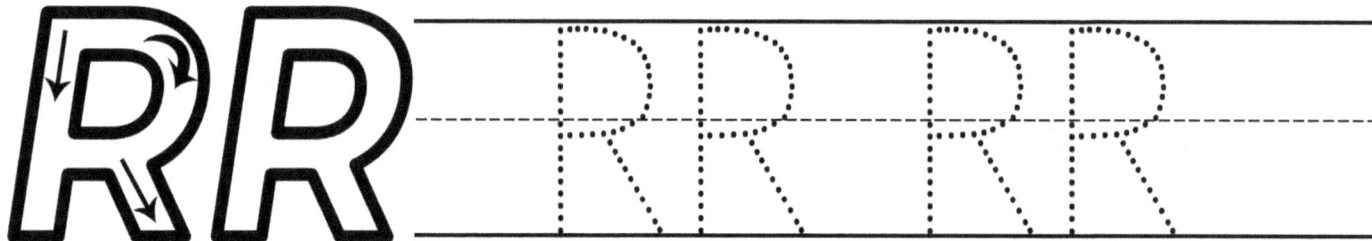

mayúscula

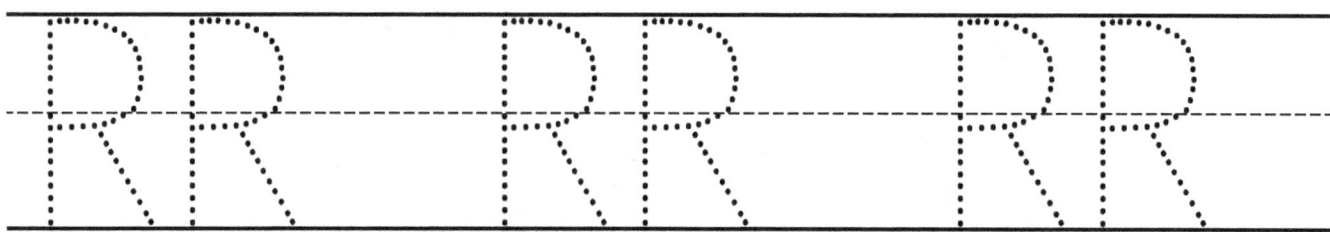

Ahora, practique escribiendo la letra **RR** por su cuenta.

*Nombre:*_____

Traza las letras.

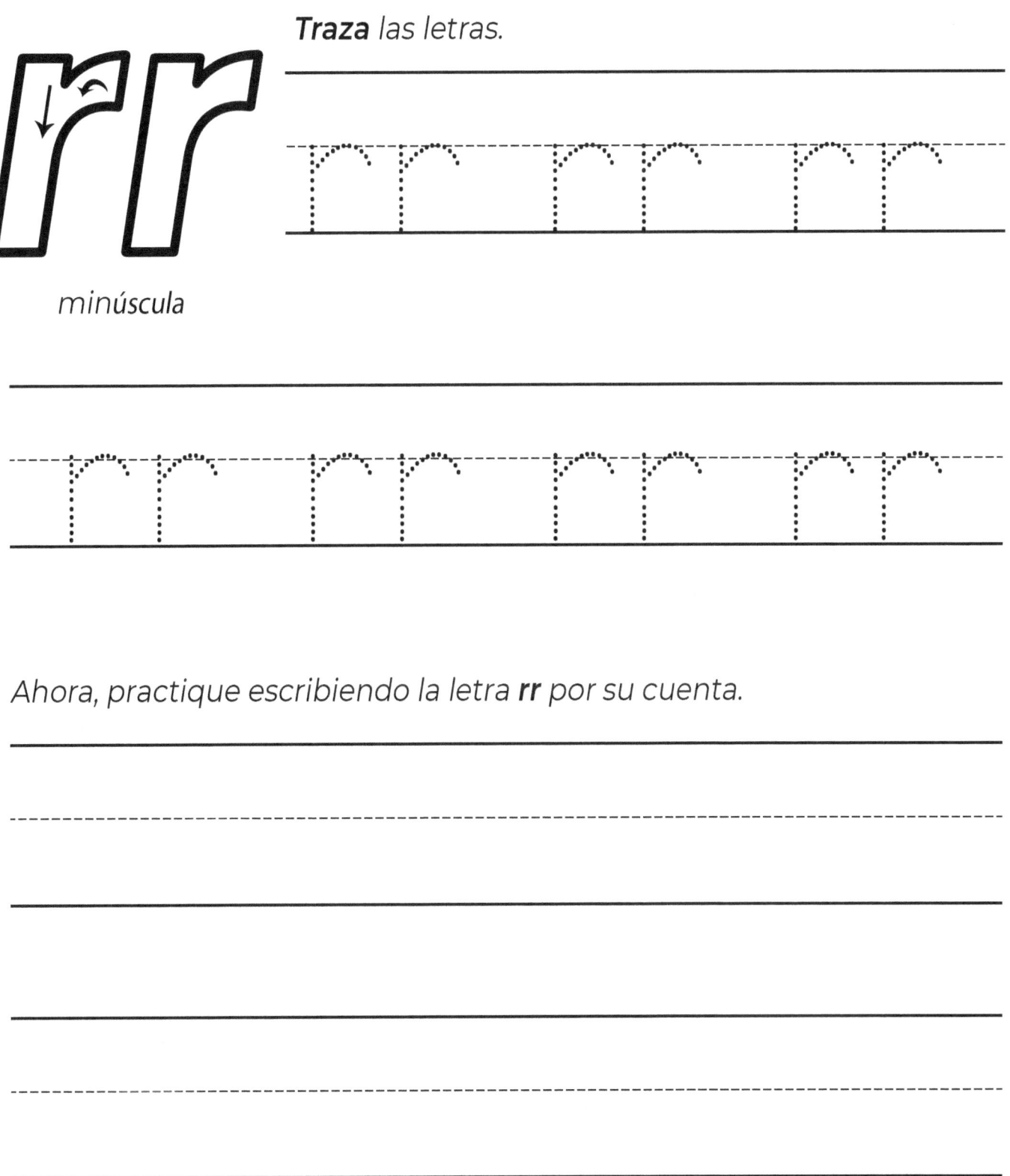

minúscula

Ahora, practique escribiendo la letra **rr** por su cuenta.

Denver International SchoolHouse

Nombre:_____

Traza.

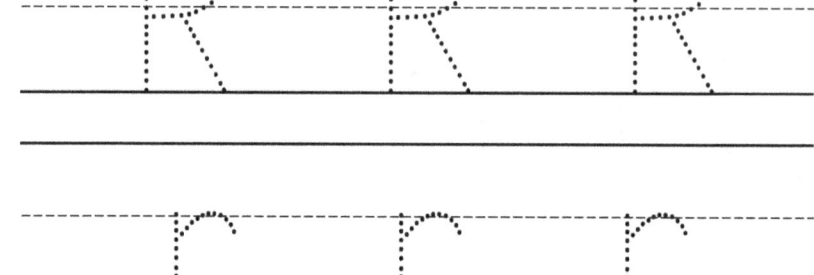

Encuentra.

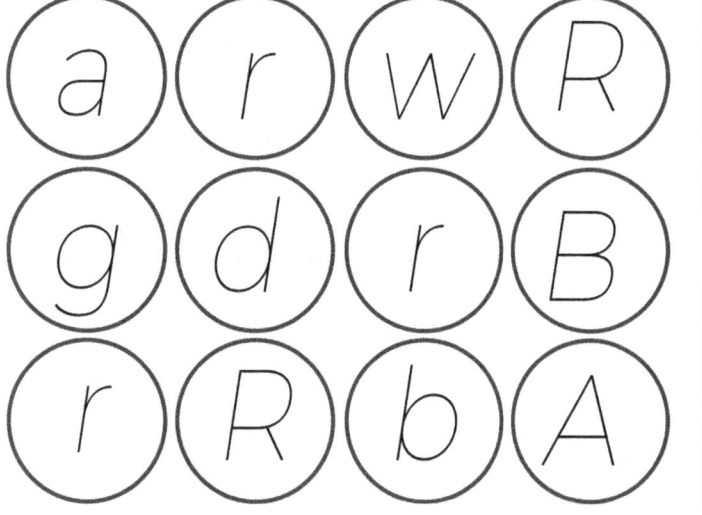

Escribe.

R			

r			

Corta y Pega.

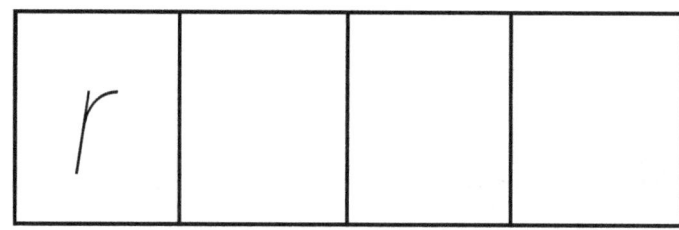

R	R	R	R	r	r	r	r

69 Denver International SchoolHouse

Nombre:_____

Sonido intermedio RRrr

Colorea el Perro.

Nombre:_____

S  s

Colorea las letras **Ss.**

Denver International SchoolHouse

Nombre:_____

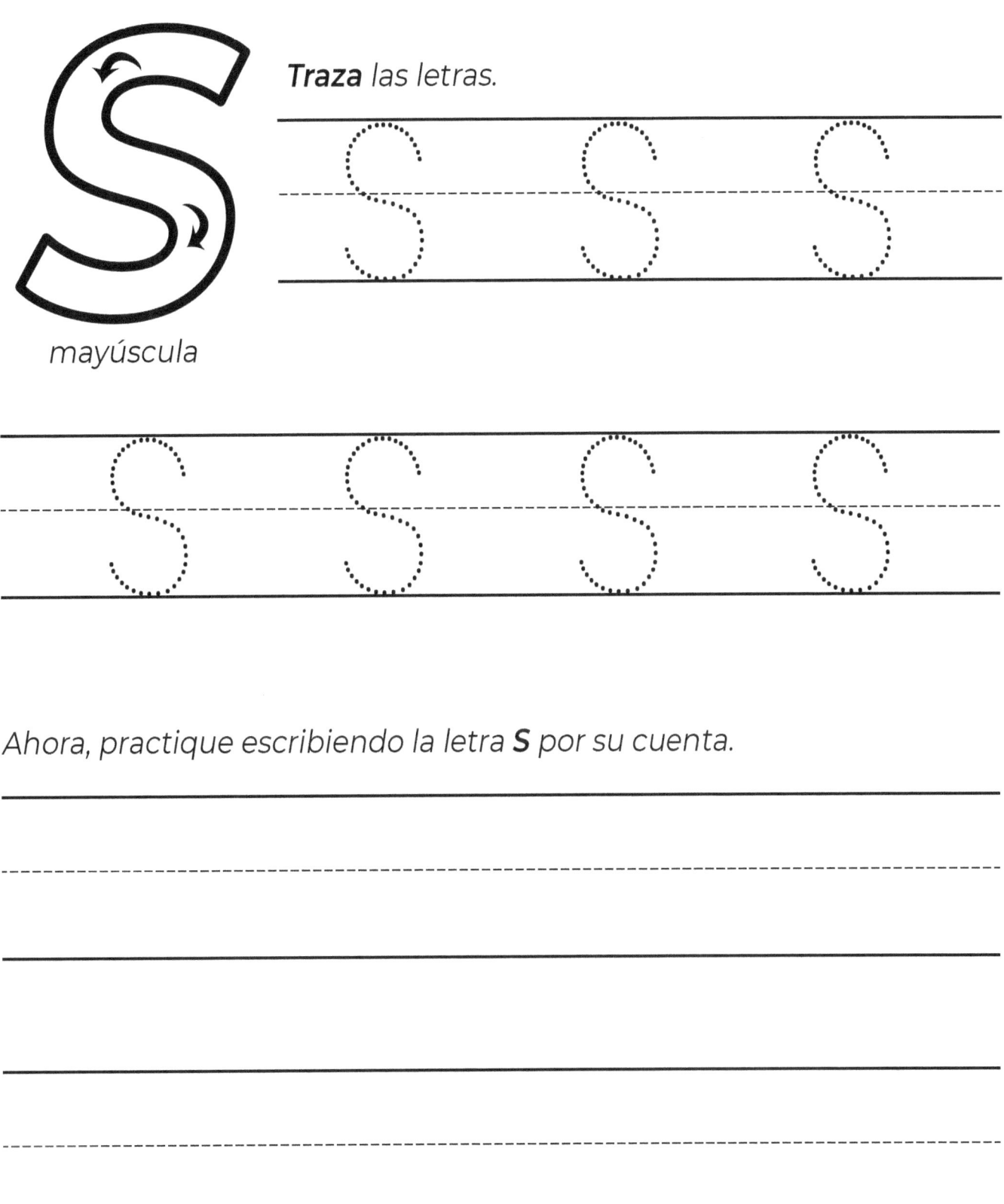

mayúscula

Traza *las letras.*

Ahora, practique escribiendo la letra **S** por su cuenta.

Nombre:_____

Traza las letras.

minúscula

Ahora, practique escribiendo la letra **s** por su cuenta.

Nombre:_____

Traza.

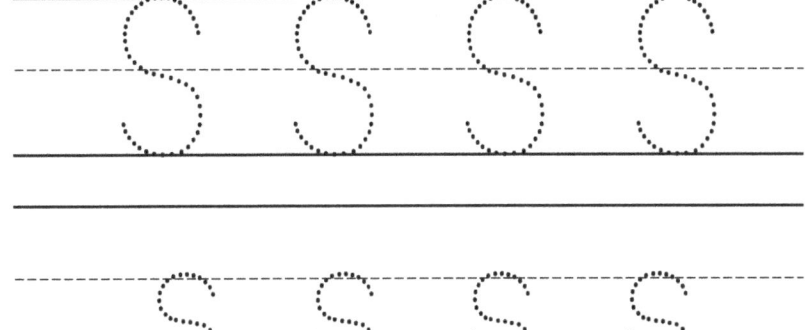

Encuentra.

Escribe.

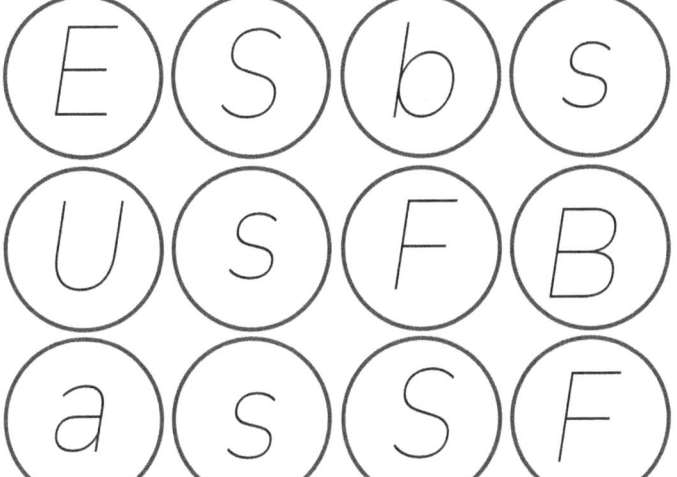

S   s

Corta y Pega.

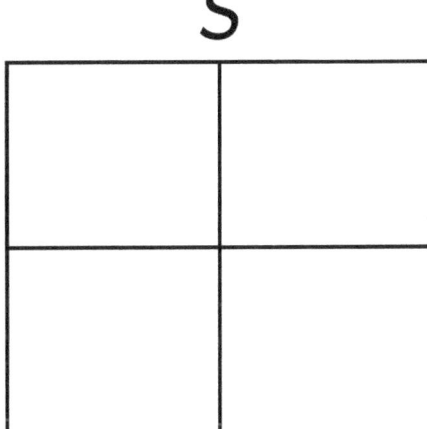

| s | S | S | s | s | S | s | S |

Nombre:_____

Sonido inicial Ss

Colorea la Serpiente.

Nombre:_____

Sigue las letras X y x para dibujar el camino del Taxi hacia el pasajero.

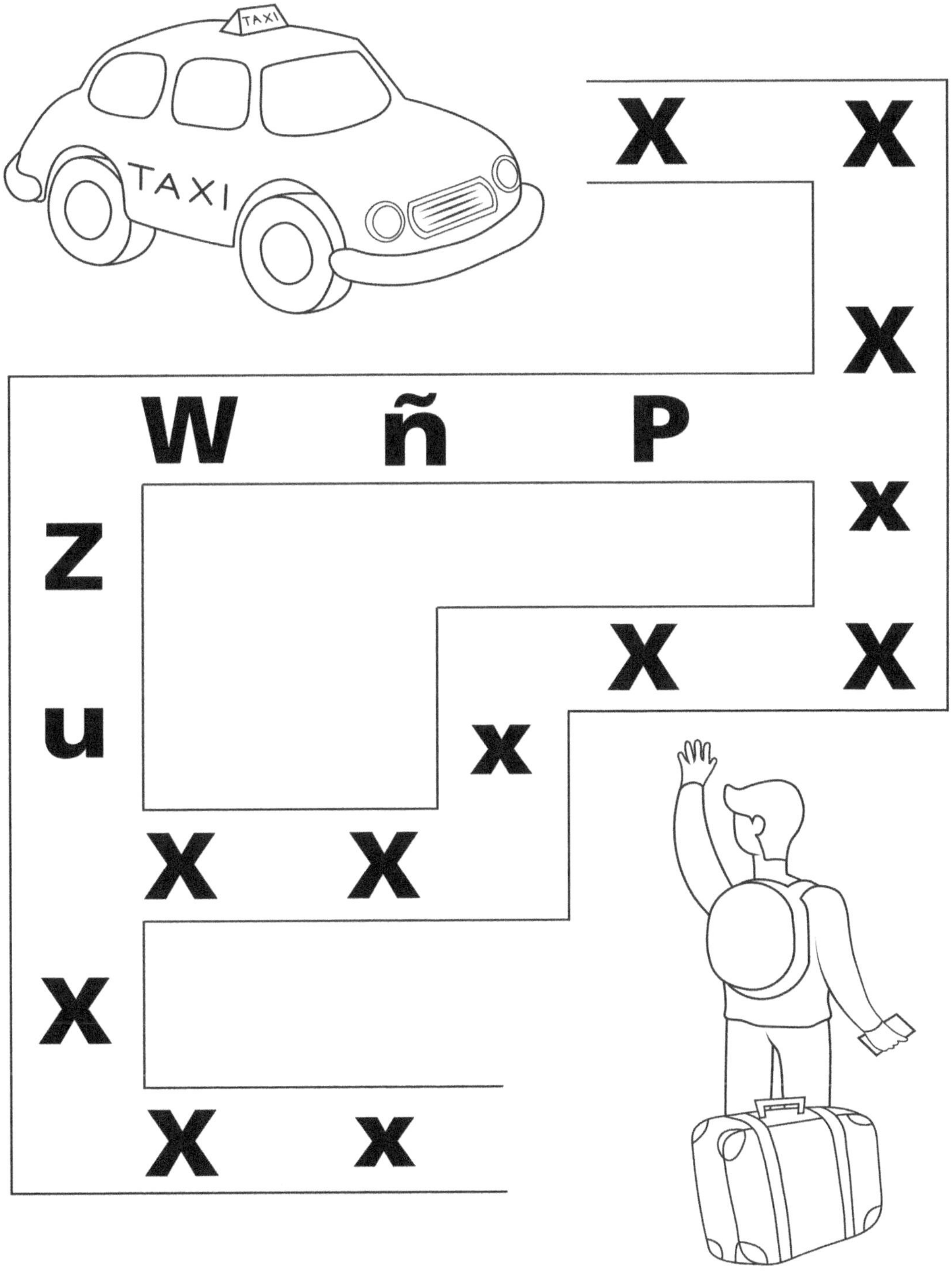

Nombre:_____

Traza las letras.

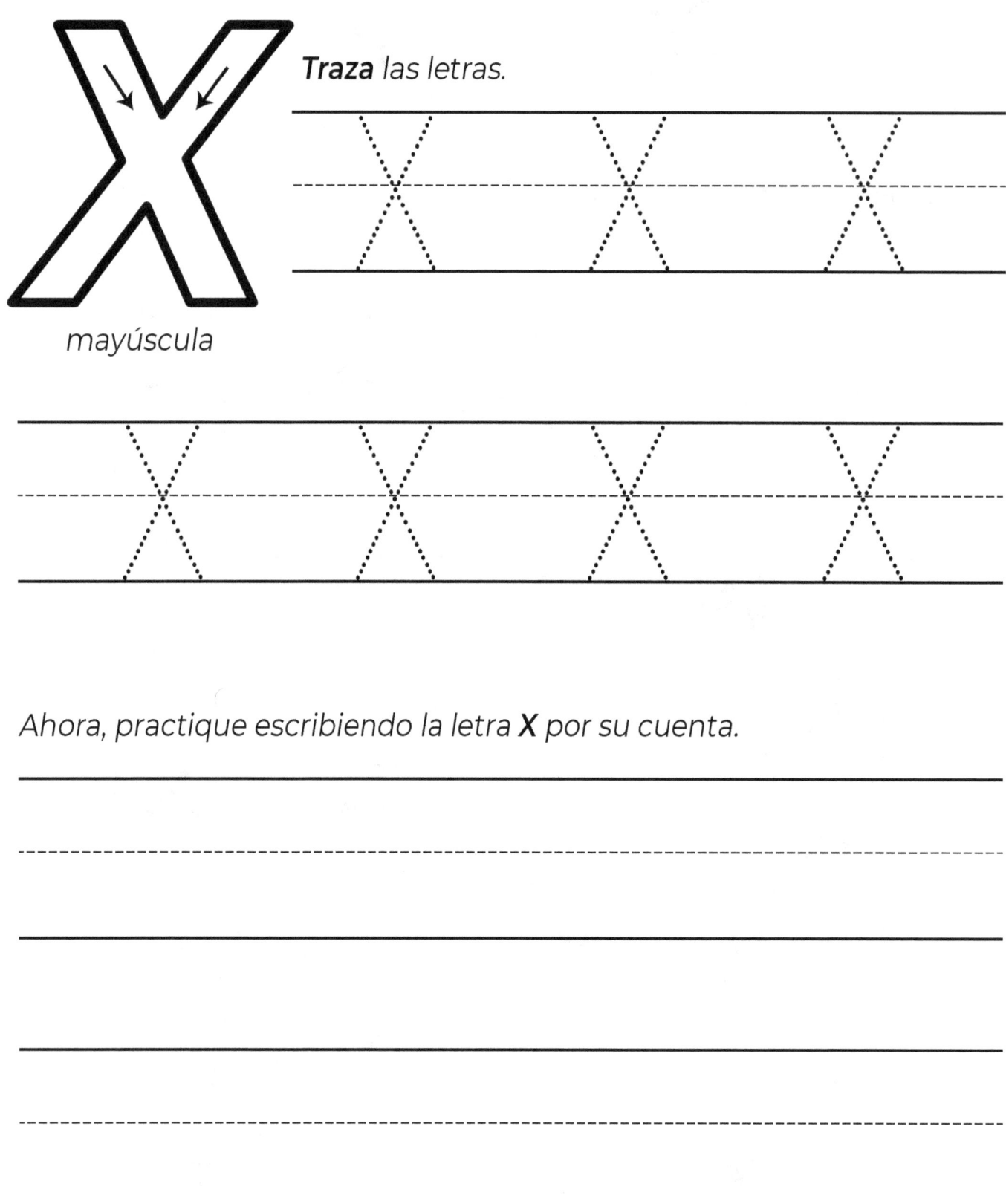

mayúscula

Ahora, practique escribiendo la letra **X** por su cuenta.

Nombre:_____

Traza las letras.

x
minúscula

Ahora, practique escribiendo la letra **x** por su cuenta.

Nombre:_____

Traza.

Encuentra.

Escribe.

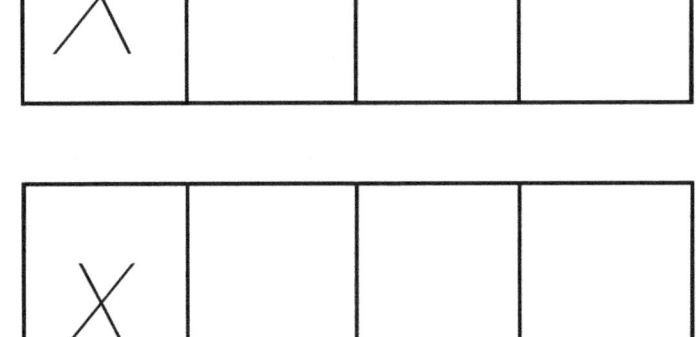

Corta y Pega.

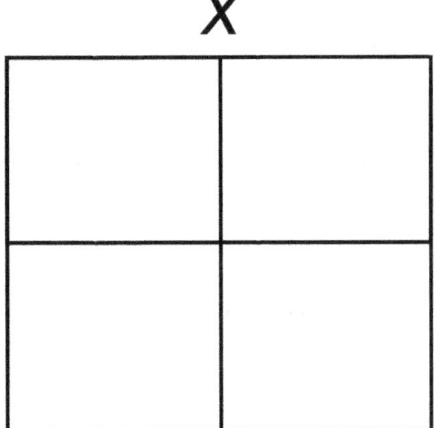

Nombre:_____

Sonido inicial Xx

Colorea el xilófono.

Nombre:_____________________

F f

Sigue las letras ***F*** *y* ***f*** *para dibujar el camino hacia la flor.*

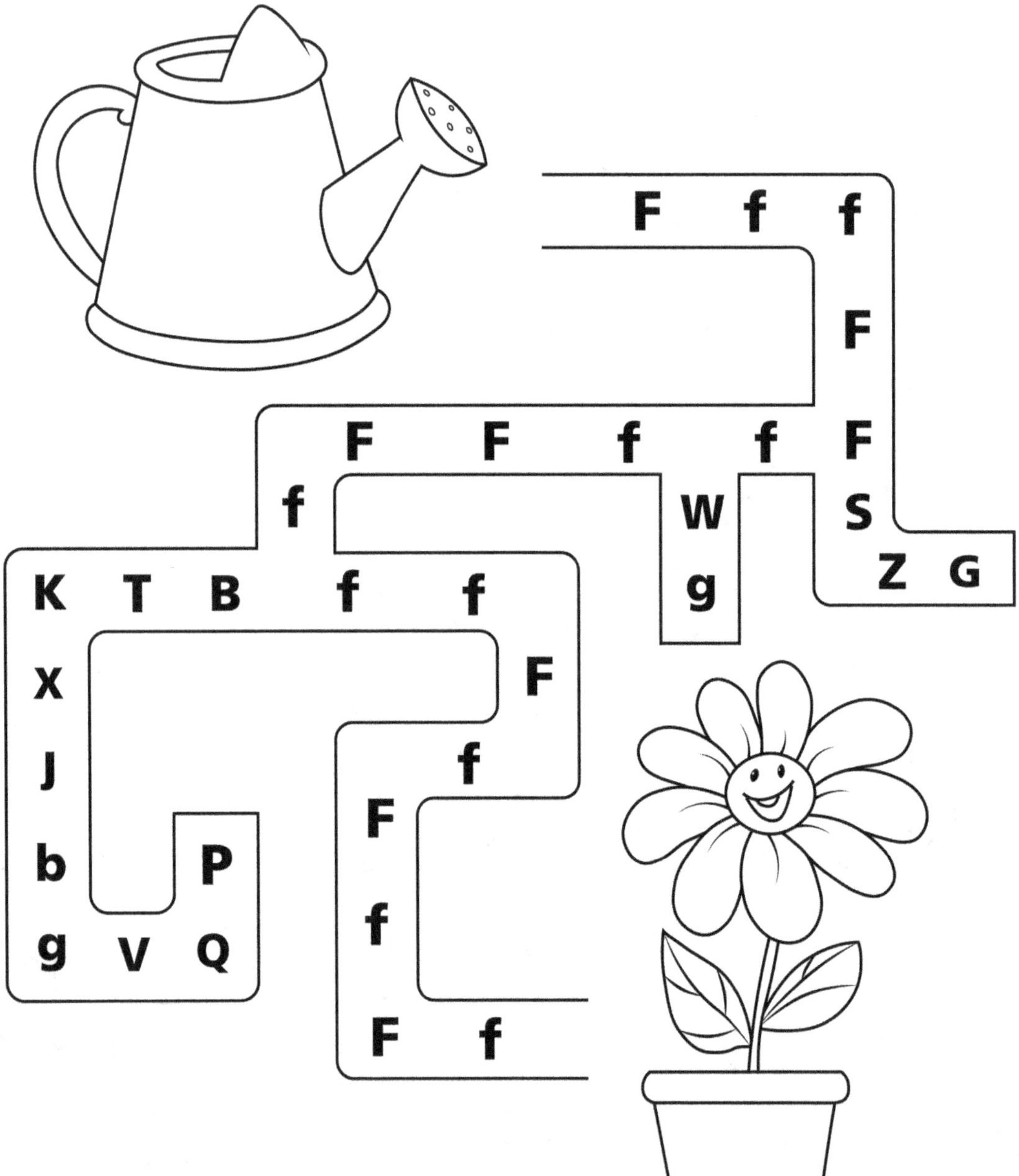

Nombre:_____

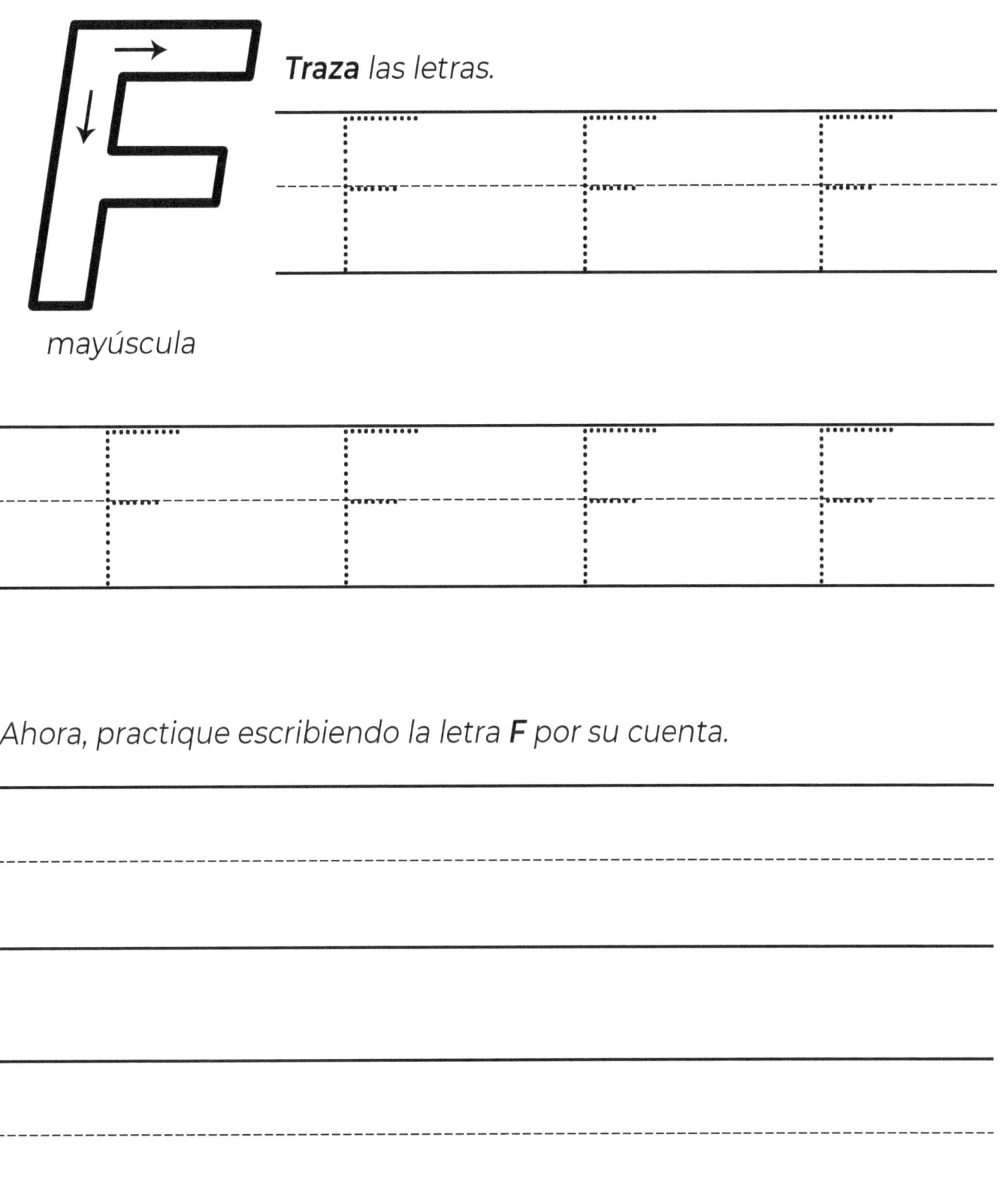

Traza las letras.

mayúscula

Ahora, practique escribiendo la letra **F** por su cuenta.

Nombre:_____

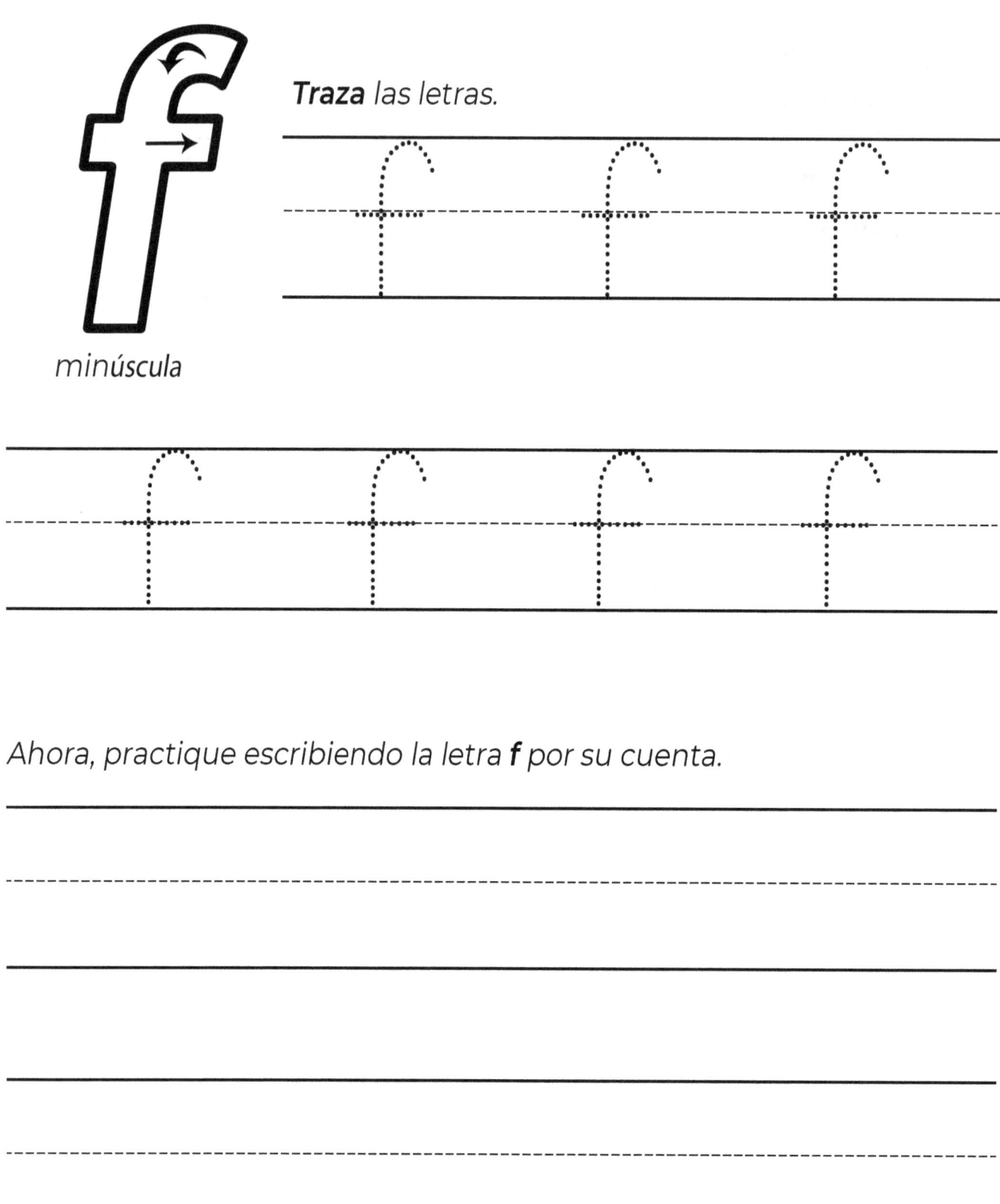

minúscula

Traza las letras.

Ahora, practique escribiendo la letra **f** por su cuenta.

Denver International SchoolHouse

Nombre:_____

Traza.

Encuentra.

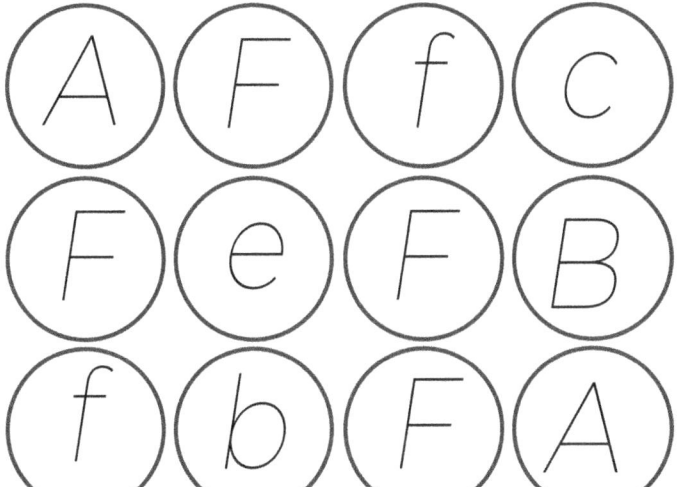

Escribe.

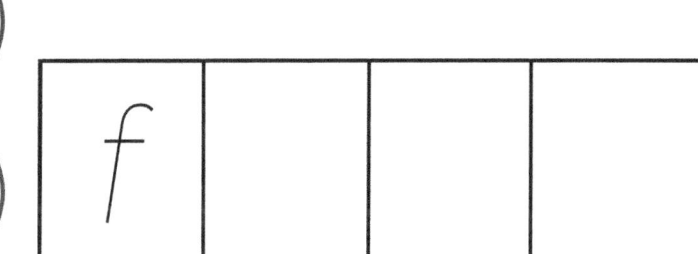

F   f

Corta y Pega.

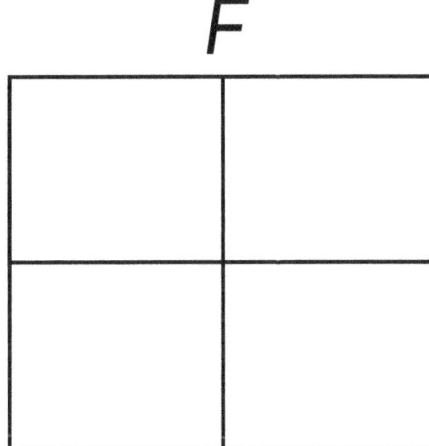

| F | f | f | F | F | F | f | f |

Nombre:_____

Sonido inicial Ff

Colorea la Foca.

Nombre:_____

T  t

Circula las letras **T** y **t** que estan en el tren.

Nombre:_____

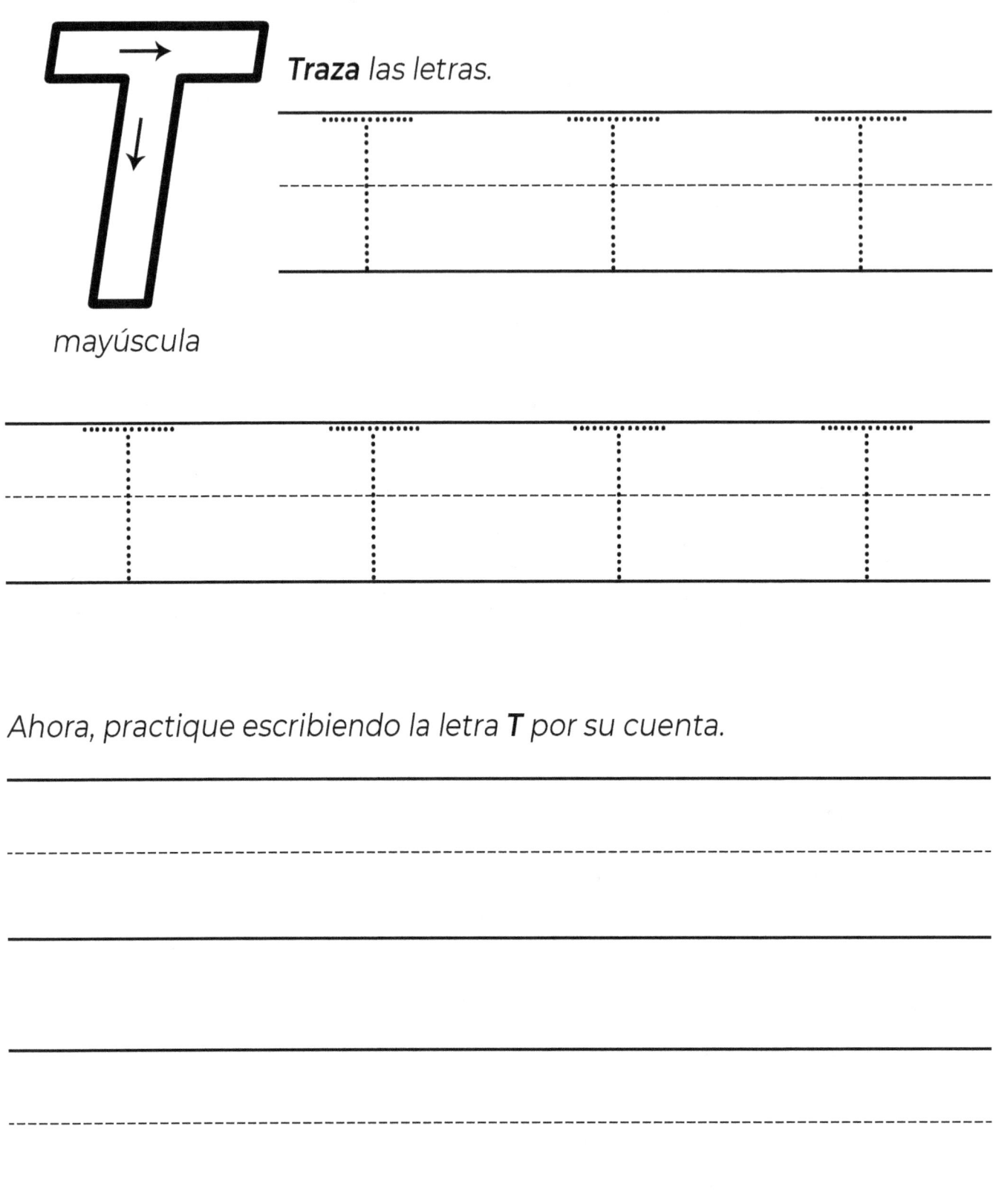

mayúscula

Traza *las letras.*

Ahora, practique escribiendo la letra **T** por su cuenta.

Nombre:_____

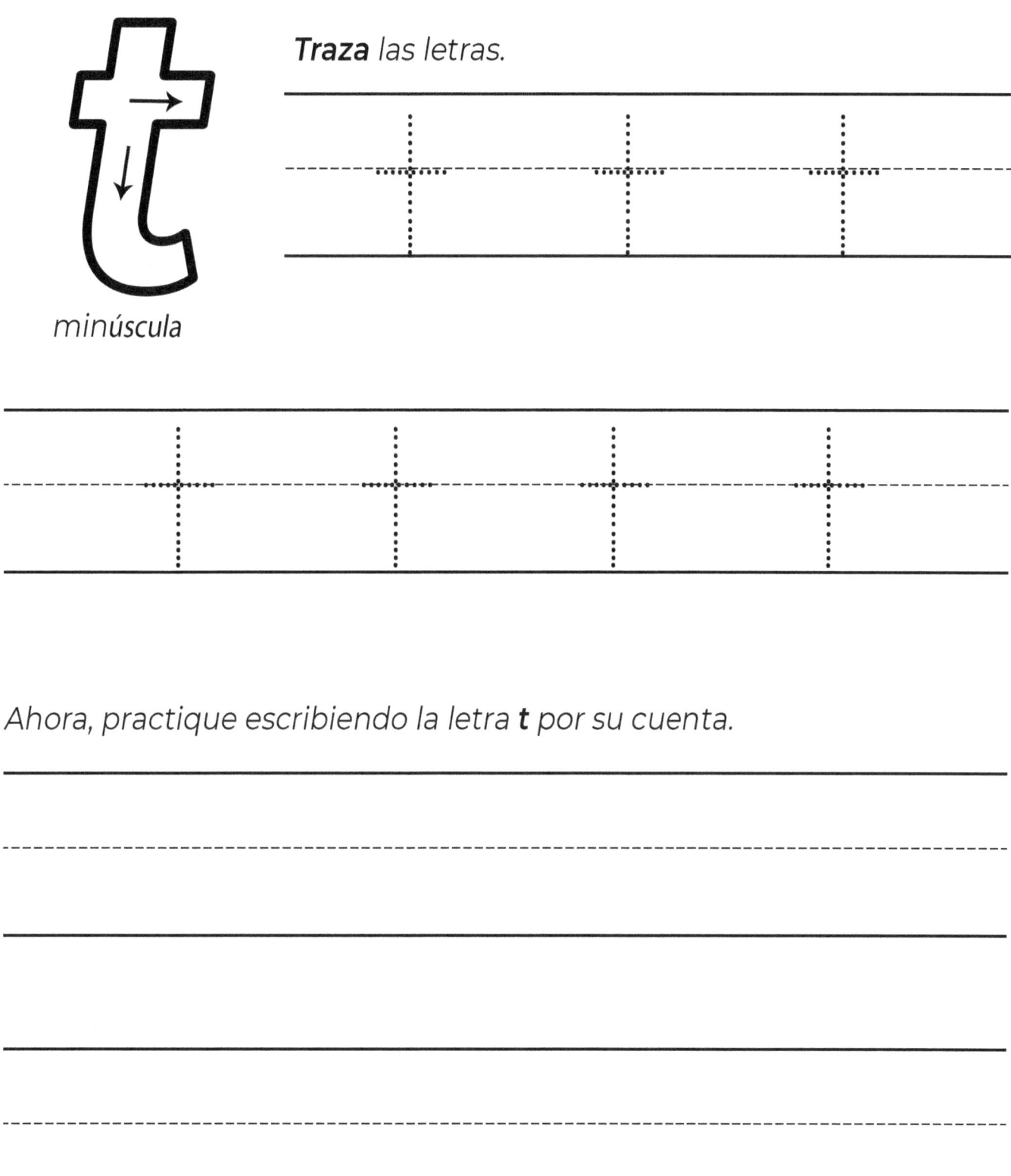

minúscula

Traza las letras.

Ahora, practique escribiendo la letra **t** por su cuenta.

Nombre:_____

Traza.

Tt

Encuentra.

Escribe.

T	A	F	t
b	T	t	N
T	b	B	t

| T | | | |

| t | | | |

T   t

Corta y Pega.

| T | T | t | t | T | T | t | T |

Denver International SchoolHouse   34

Nombre:_____

Sonido inicial Tt

Colorea lel Tigre.

Nombre:________________________

A a

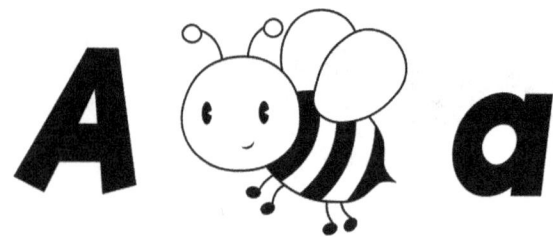

*Sigue las letras **A** y **a** para dibujar el camino hacia el panal de abeja.*

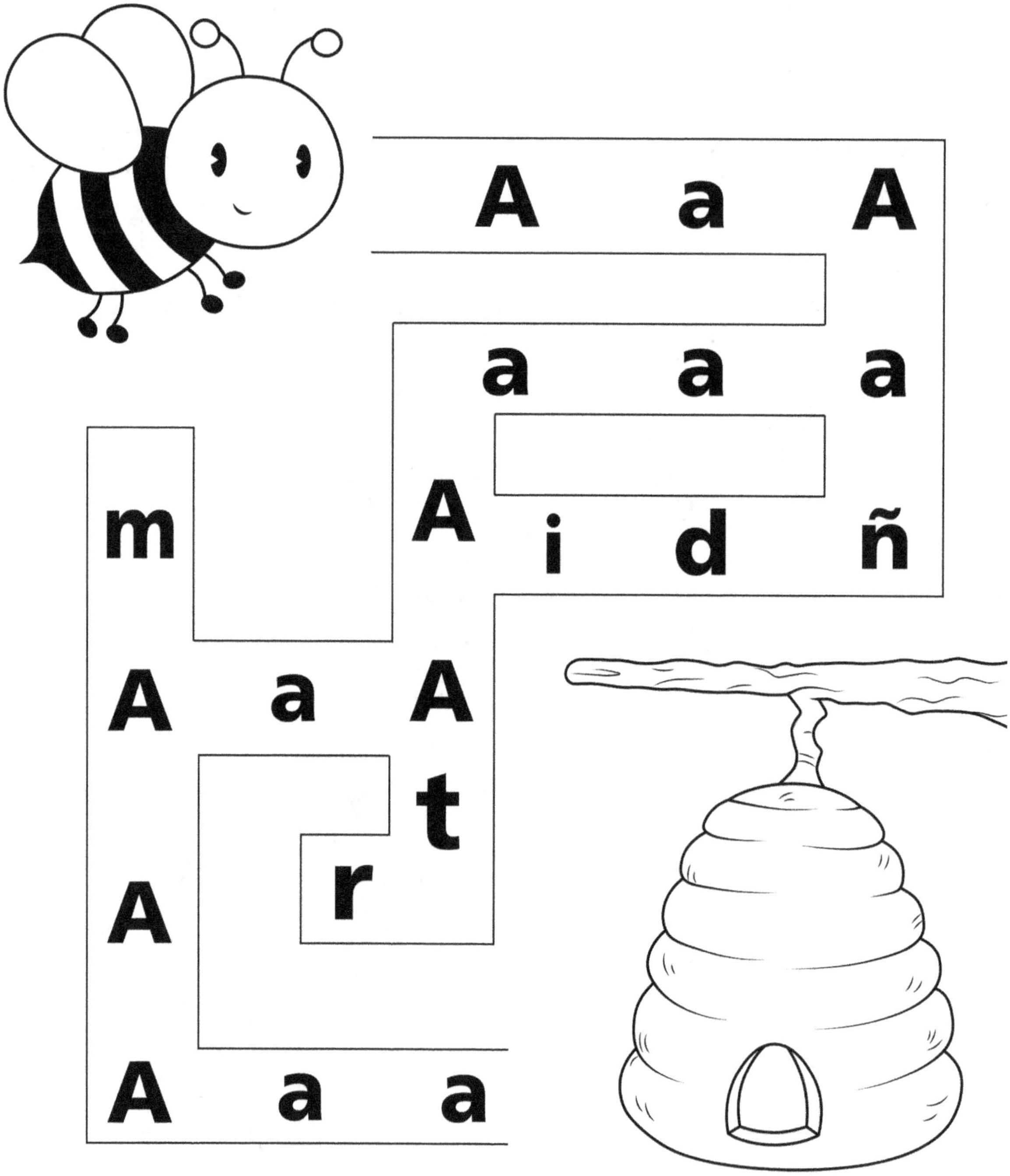

Nombre:_____

Traza las letras.

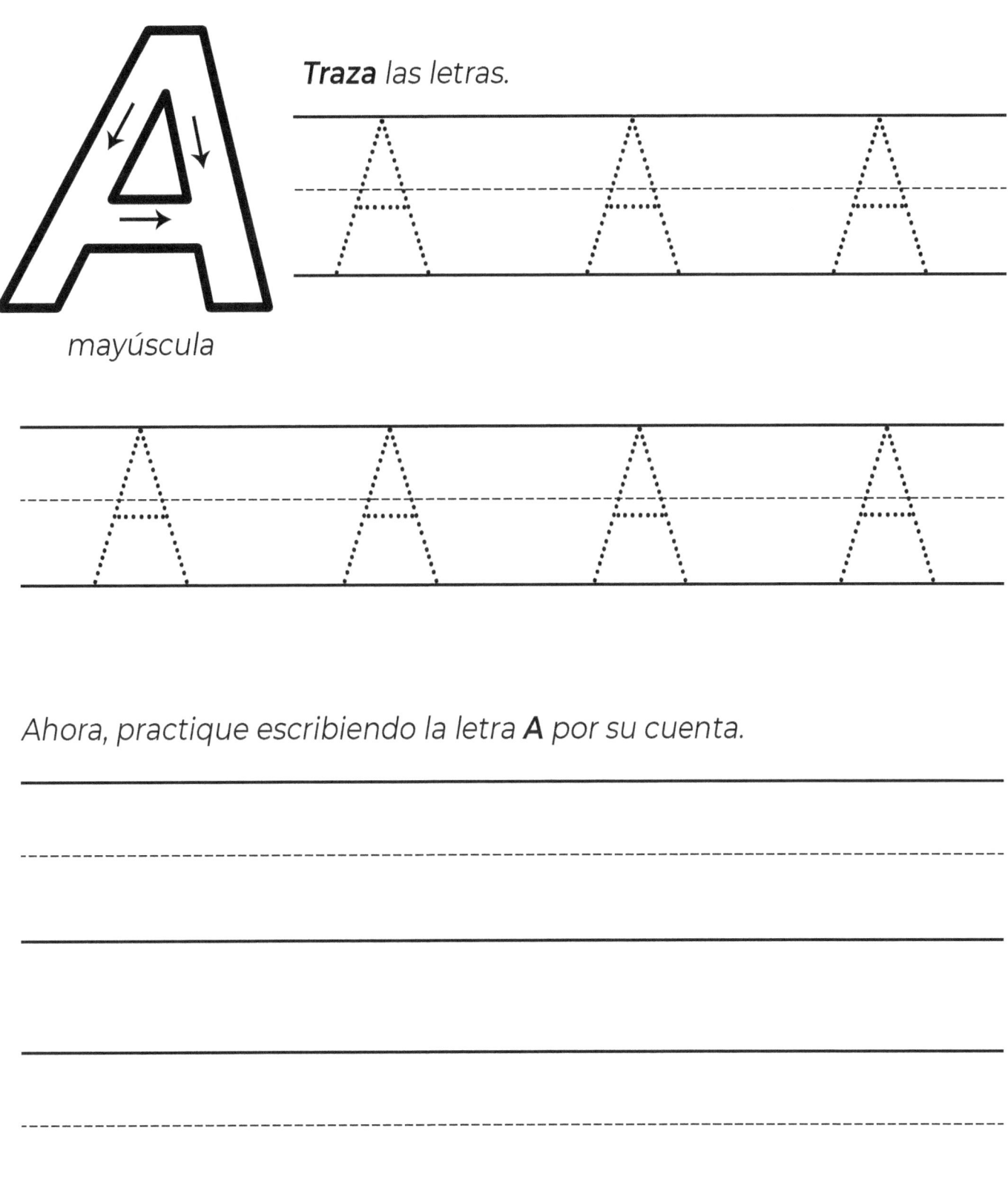

mayúscula

Ahora, practique escribiendo la letra **A** por su cuenta.

Nombre:_____

Traza las letras.

minúscula

Ahora, practique escribiendo la letra **a** por su cuenta.

Nombre:_____

Traza.

Encuentra.

Escribe.

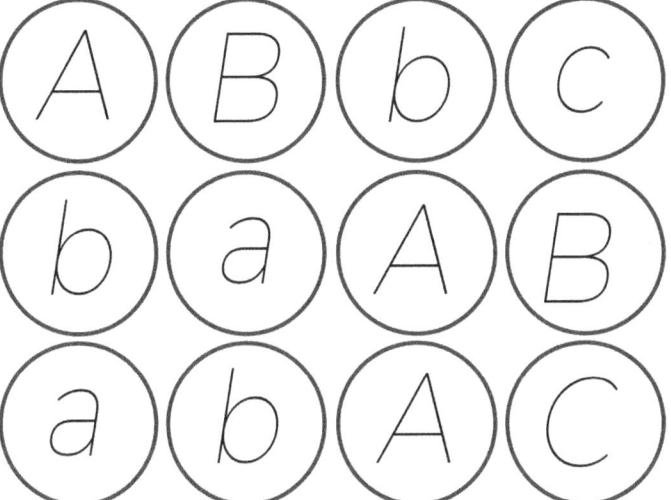

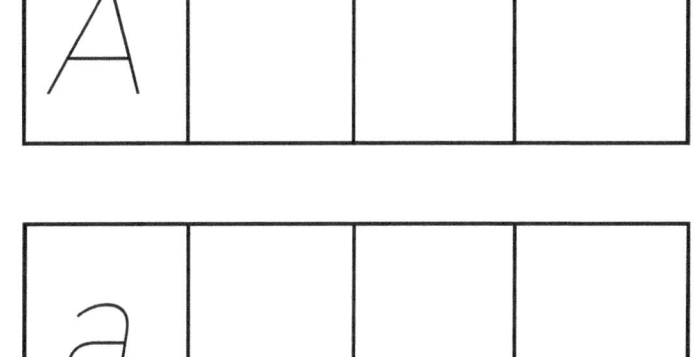

A a

Corta y Pega.

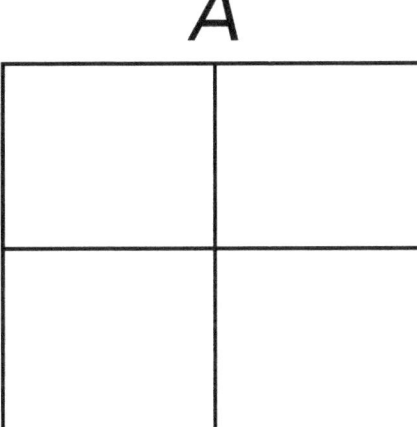

| a | a | A | A | a | A | A | a |

Nombre:_____

Sonido inicial Aa

Colorea el Avión.

Nombre:______________________

P p

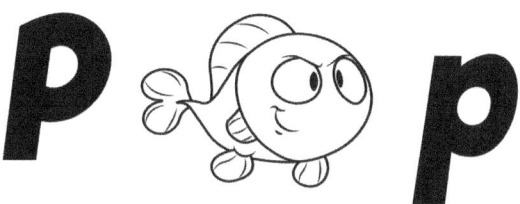

Colorea las letras **P** *y* **p**.

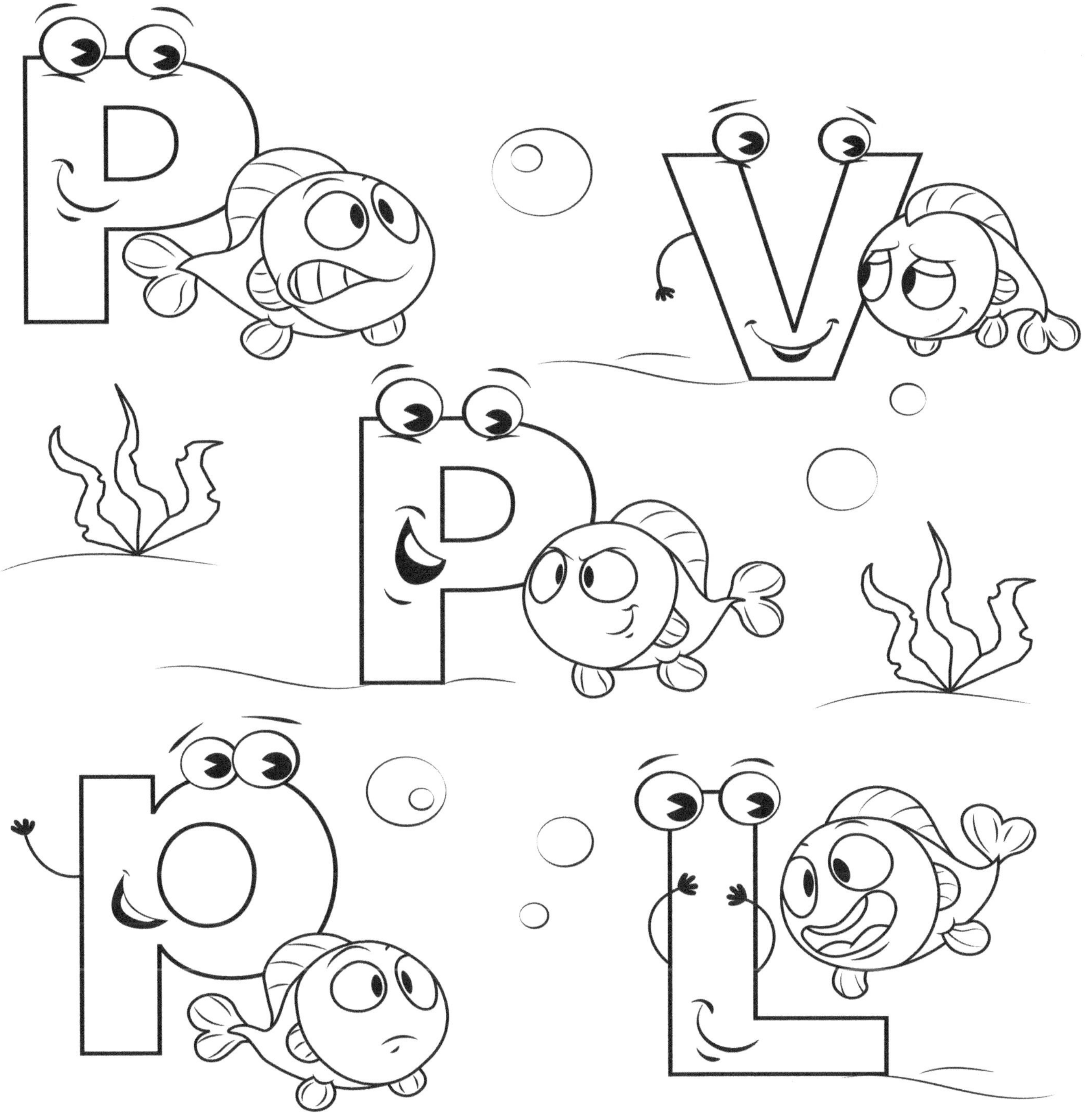

Nombre:_____

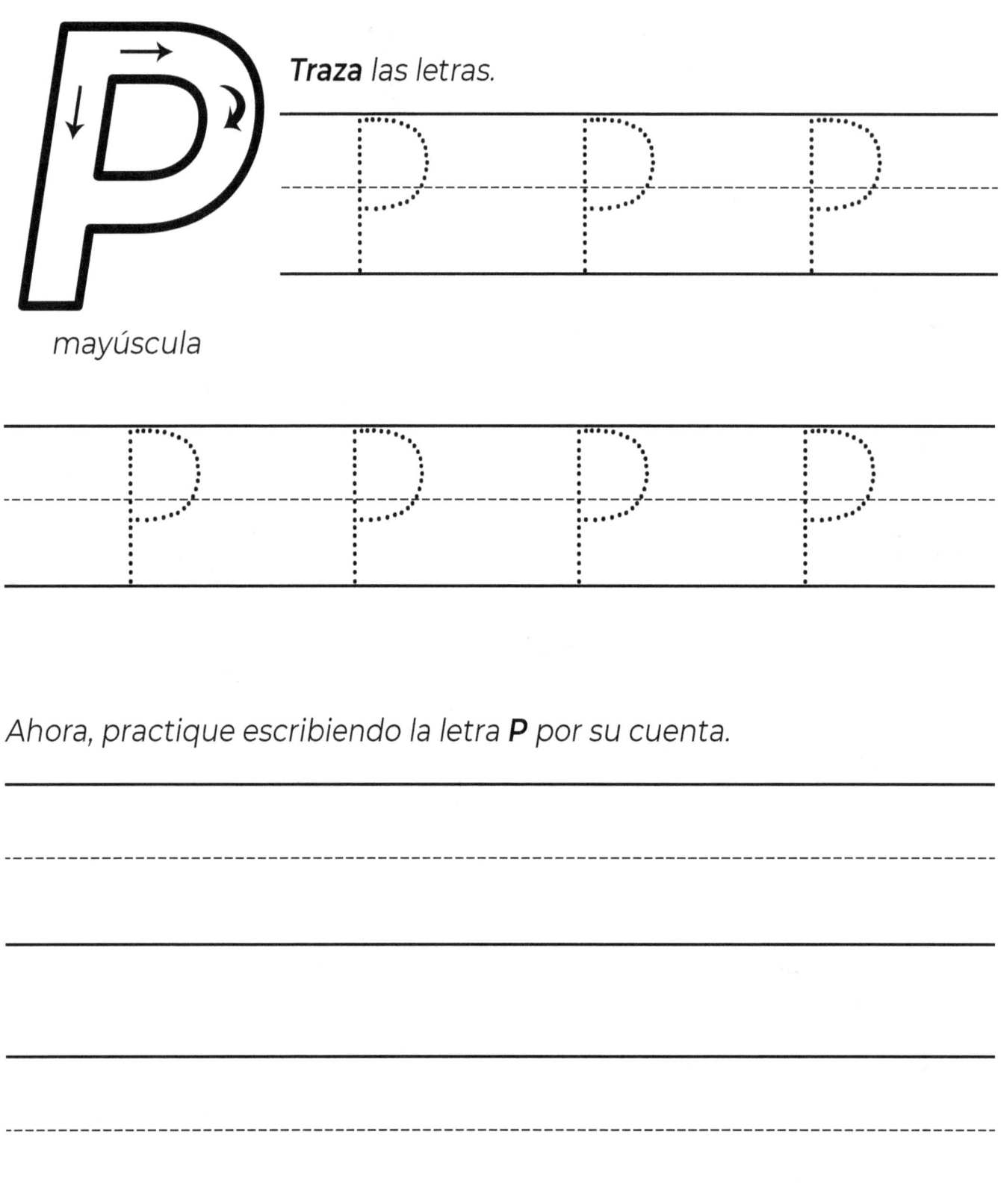

Traza las letras.

mayúscula

Ahora, practique escribiendo la letra **P** por su cuenta.

Denver International SchoolHouse   42

Nombre:_____

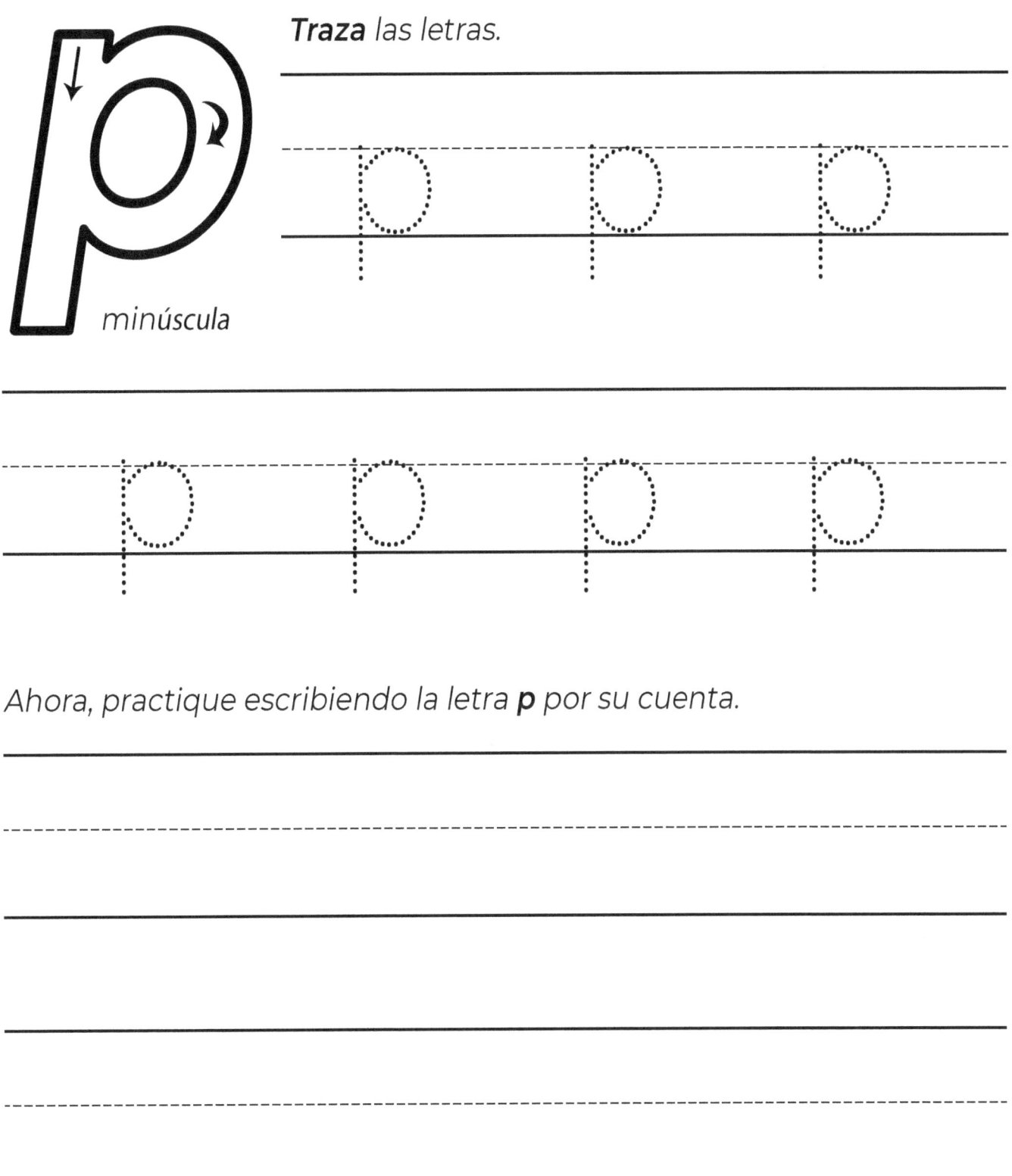

Traza las letras.

minúscula

Ahora, practique escribiendo la letra **p** por su cuenta.

Nombre:_____

Traza.

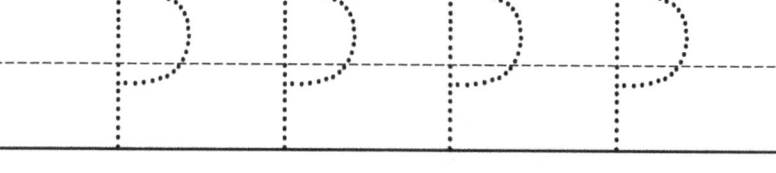

Pp

Encuentra.

Escribe.

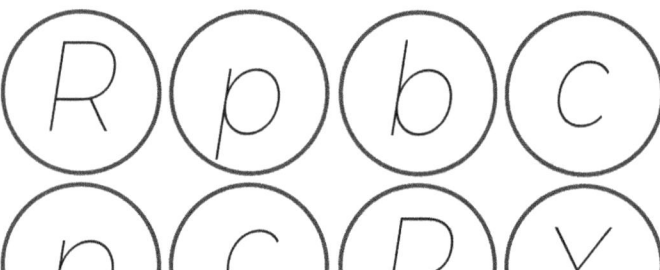

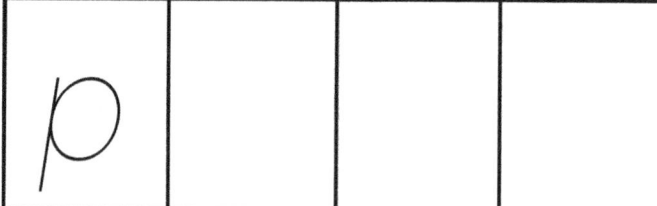

P   p

Corta y Pega.

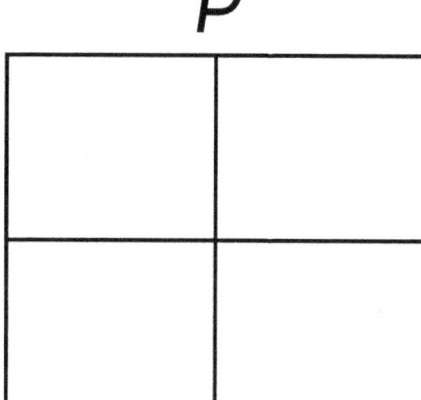

| P | p | P | p | P | P | p | p |

Denver International SchoolHouse

Nombre:_____

Sonido inicial Pp

Colorea el Pato.

Nombre:____________________

M m

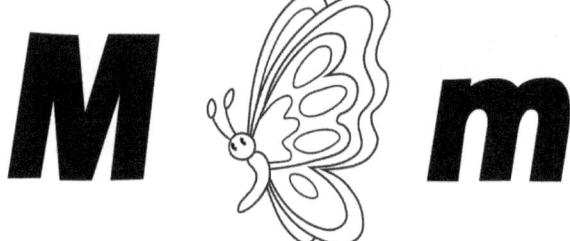

Colorea las letras **Mm**.

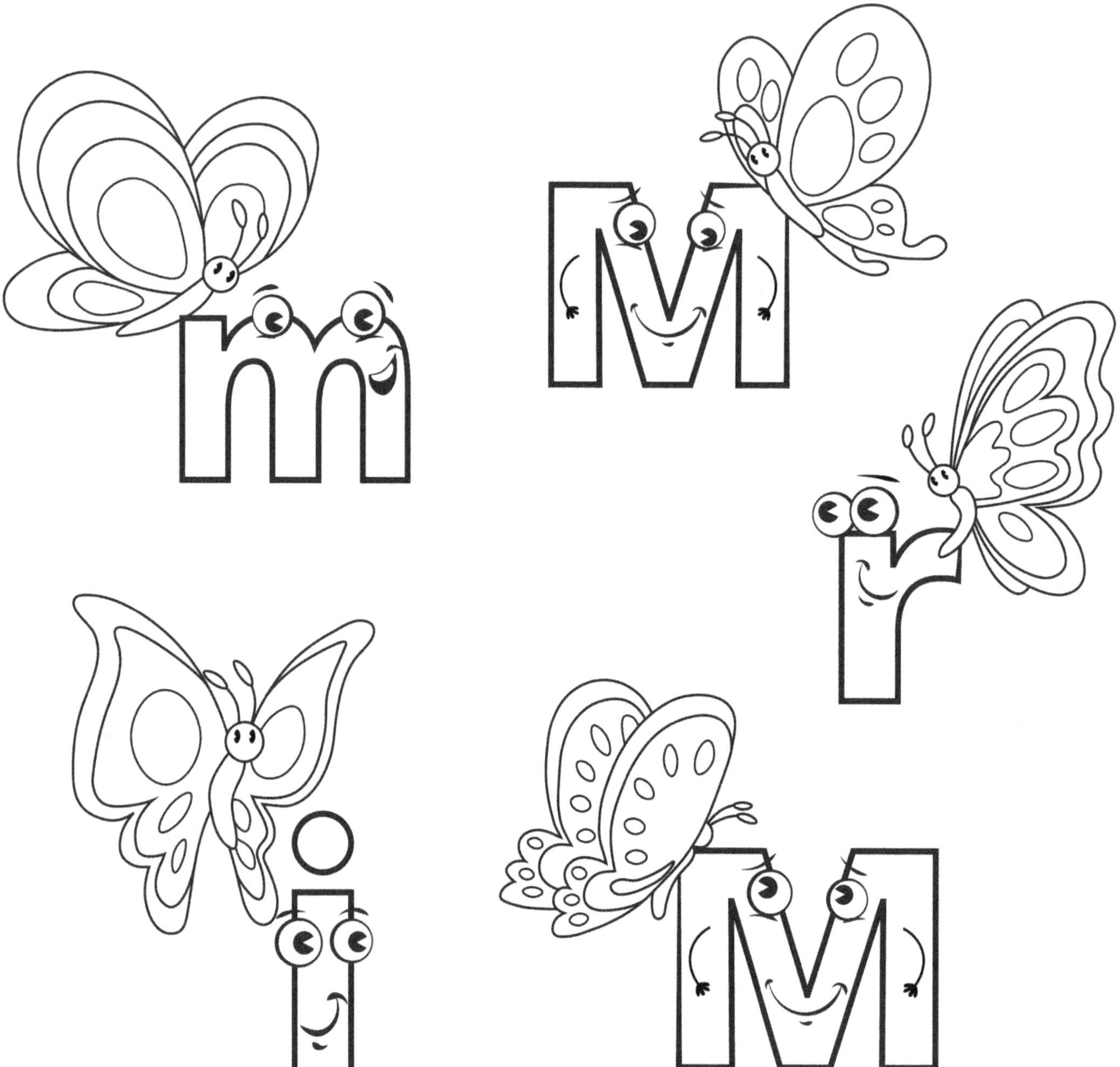

Nombre:_____

mayúscula

Traza *las letras.*

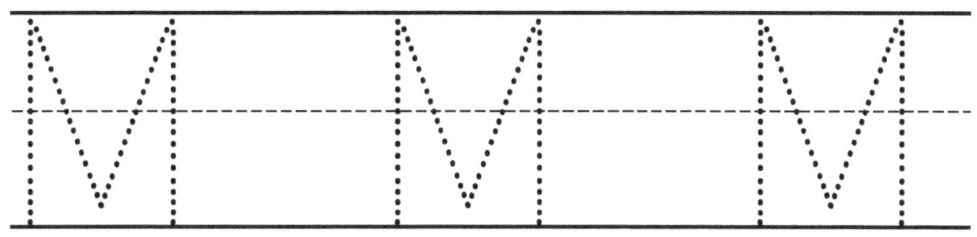

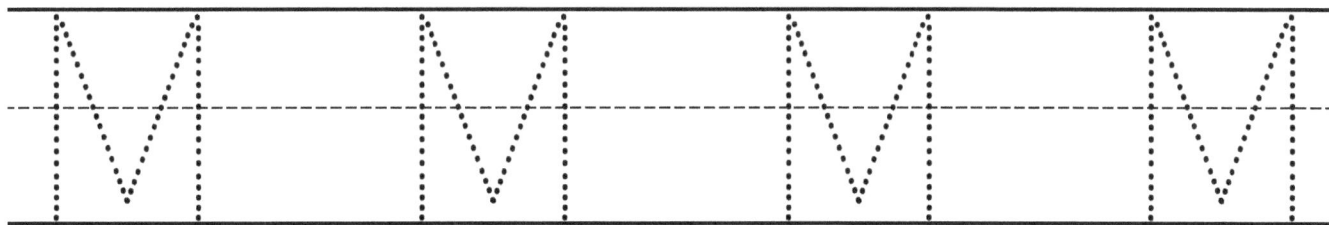

Ahora, practique escribiendo la letra **M** por su cuenta.

Nombre:_____

Traza las letras.

m

minúscula

Ahora, practique escribiendo la letra **m** por su cuenta.

Nombre:_____

Traza.

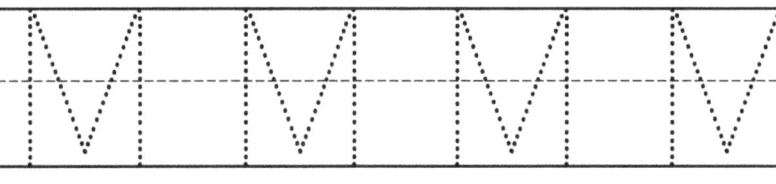

Encuentra.   Escribe.

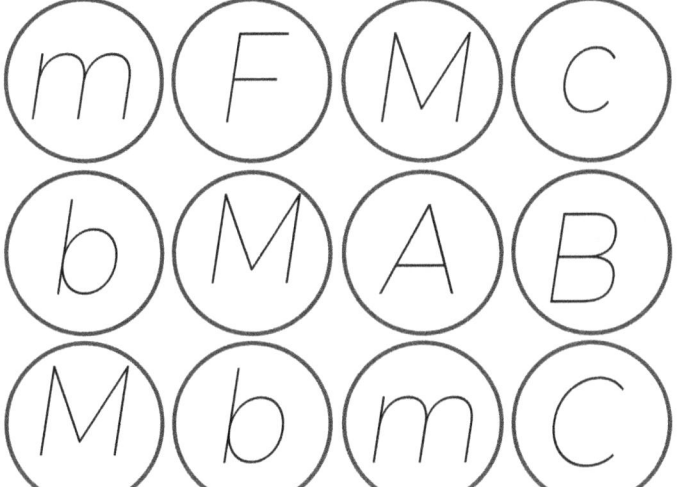
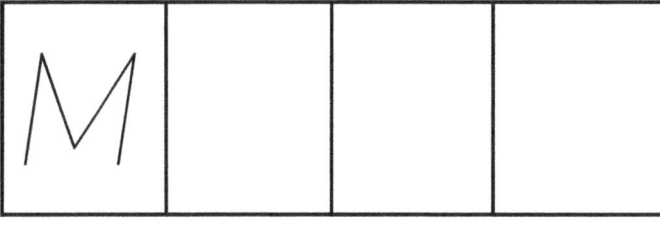

M   m

Corta y Pega.

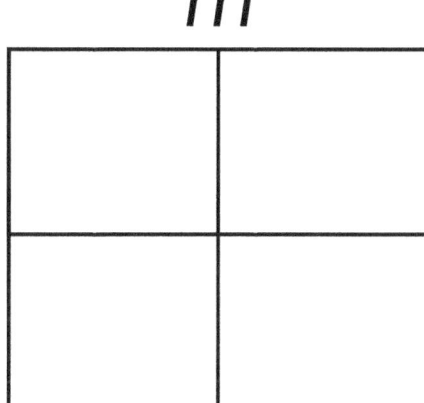
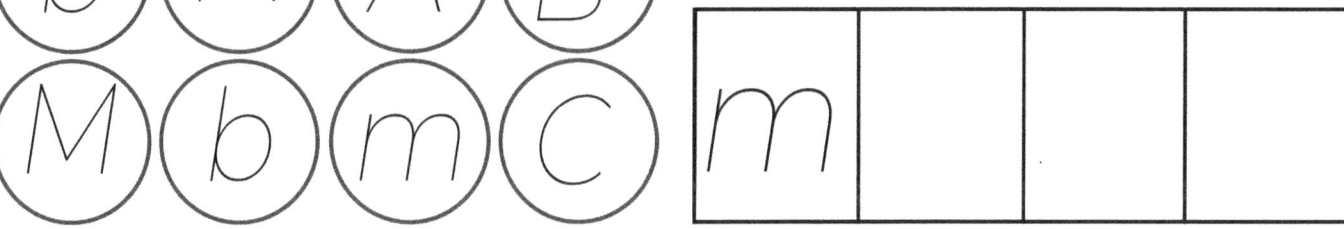

| m | m | m | m | M | M | M | M |

Nombre:_____

Sonido inicial Mm

Colorea el Molino.

Nombre:________________________

U u

Colorea las letras **Uu**.

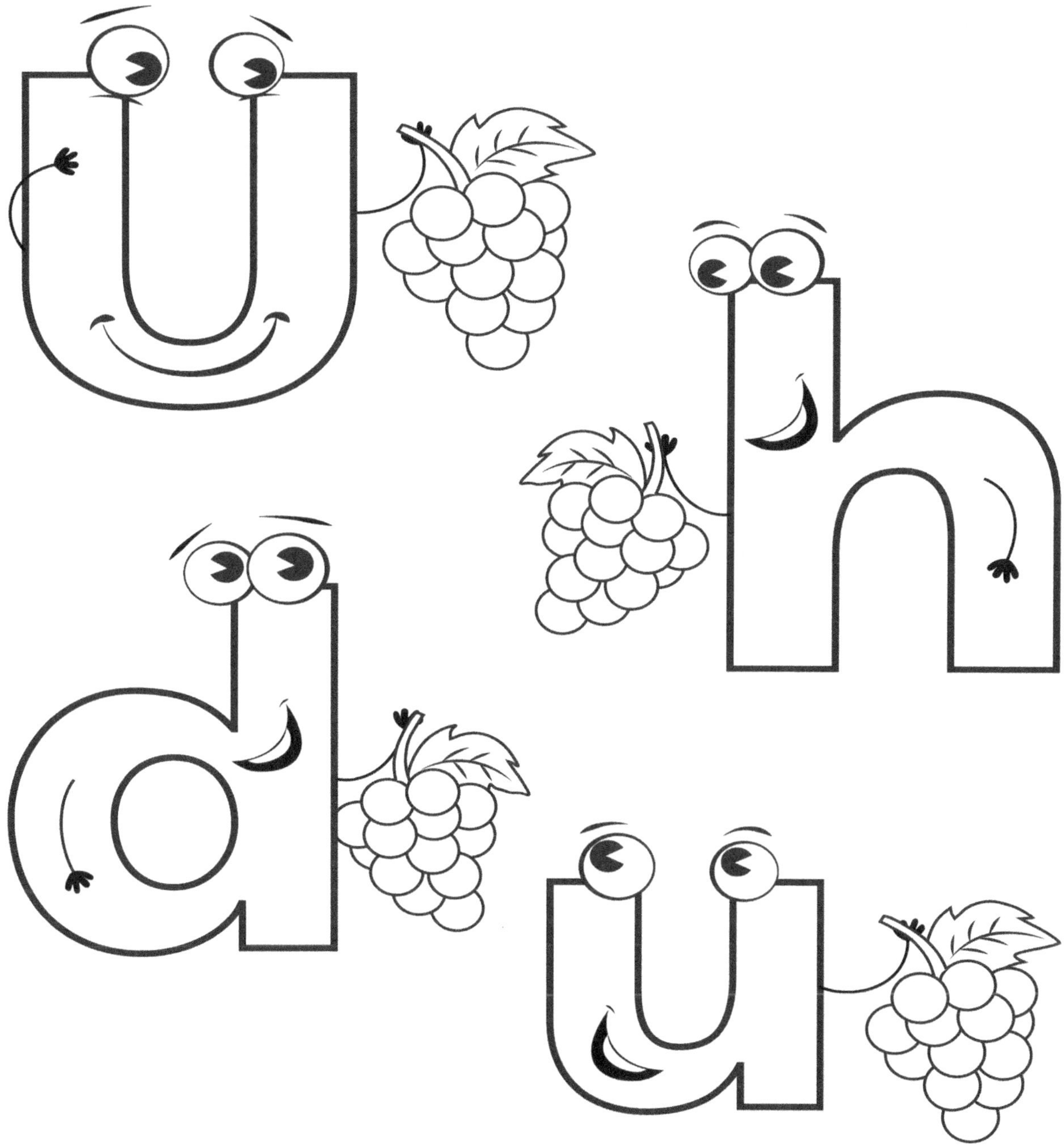

Nombre:_____

Traza las letras.

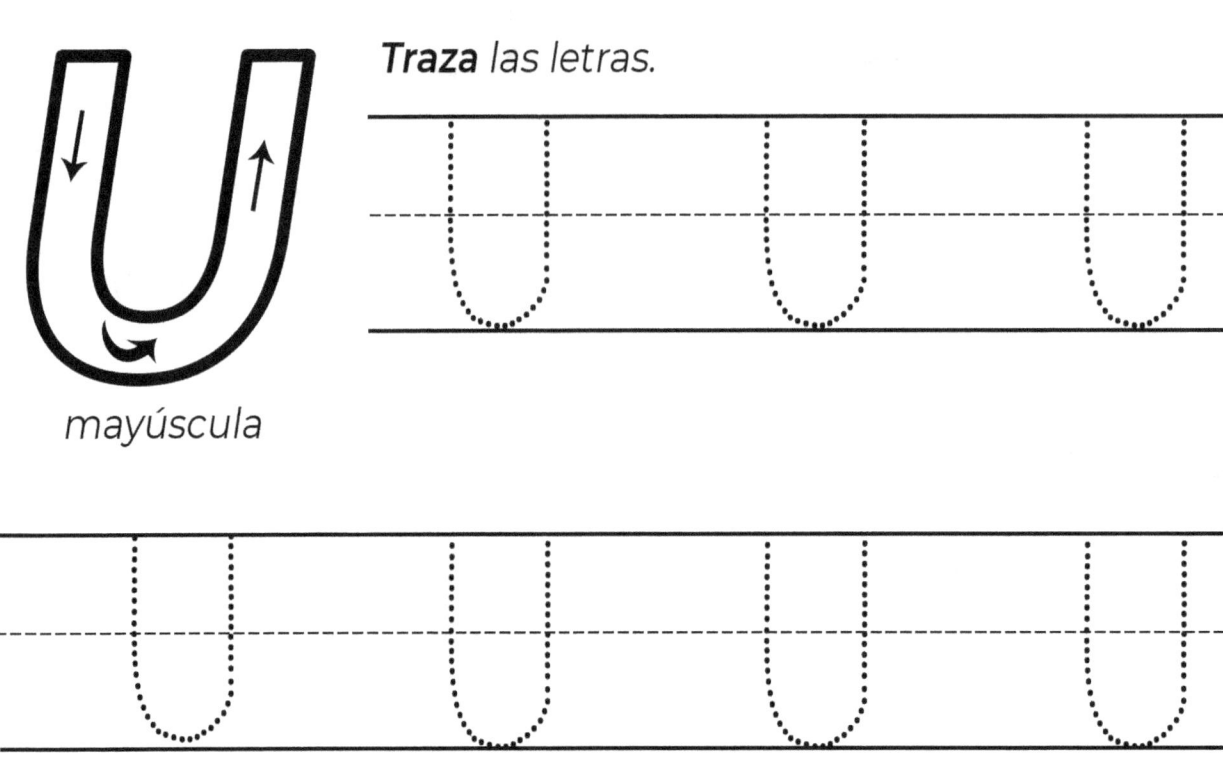

mayúscula

Ahora, practique escribiendo la letra **U** por su cuenta.

Nombre:_____

Traza las letras.

minúscula

Ahora, practique escribiendo la letra **u** por su cuenta.

Nombre:_____

Traza.

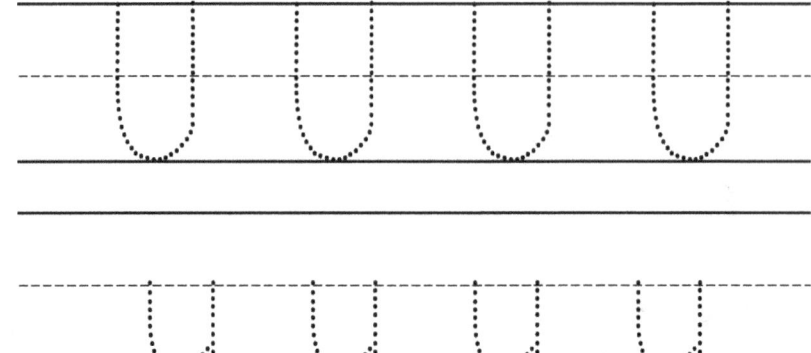

Encuentra.

Escribe.

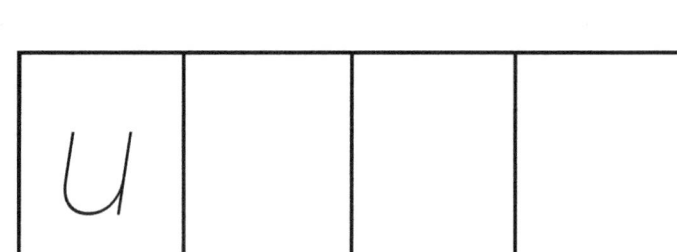

U u

Corta y Pega.

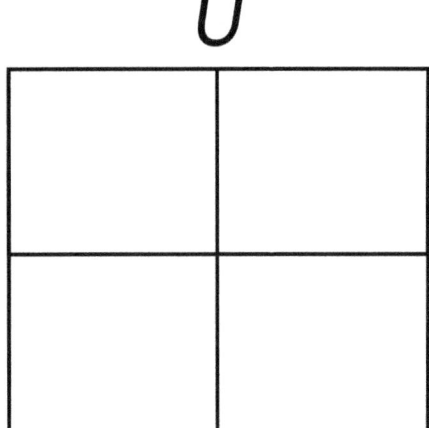

| u | u | U | U | U | U | u | u |

Nombre:_____

Sonido inicial Uu

Colorea el Unicornio.

Nombre:_______________

C c

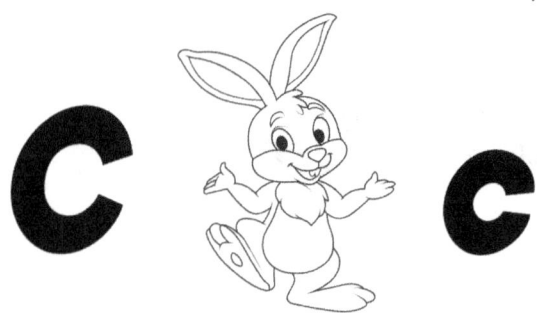

*Sigue las letras **C** y **c** para dibujar el camino del conejo hacia la zanahoria.*

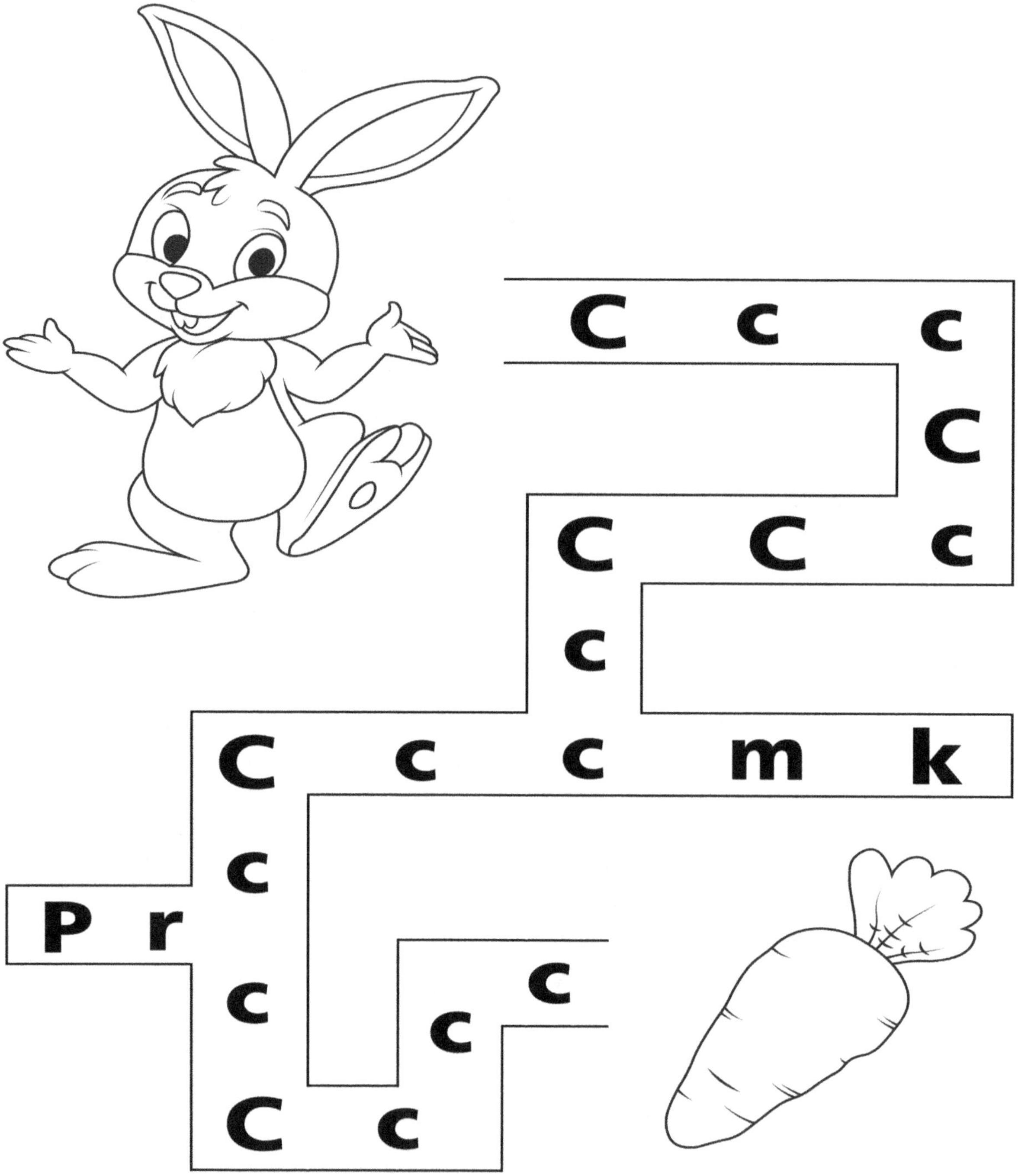

Nombre:_____

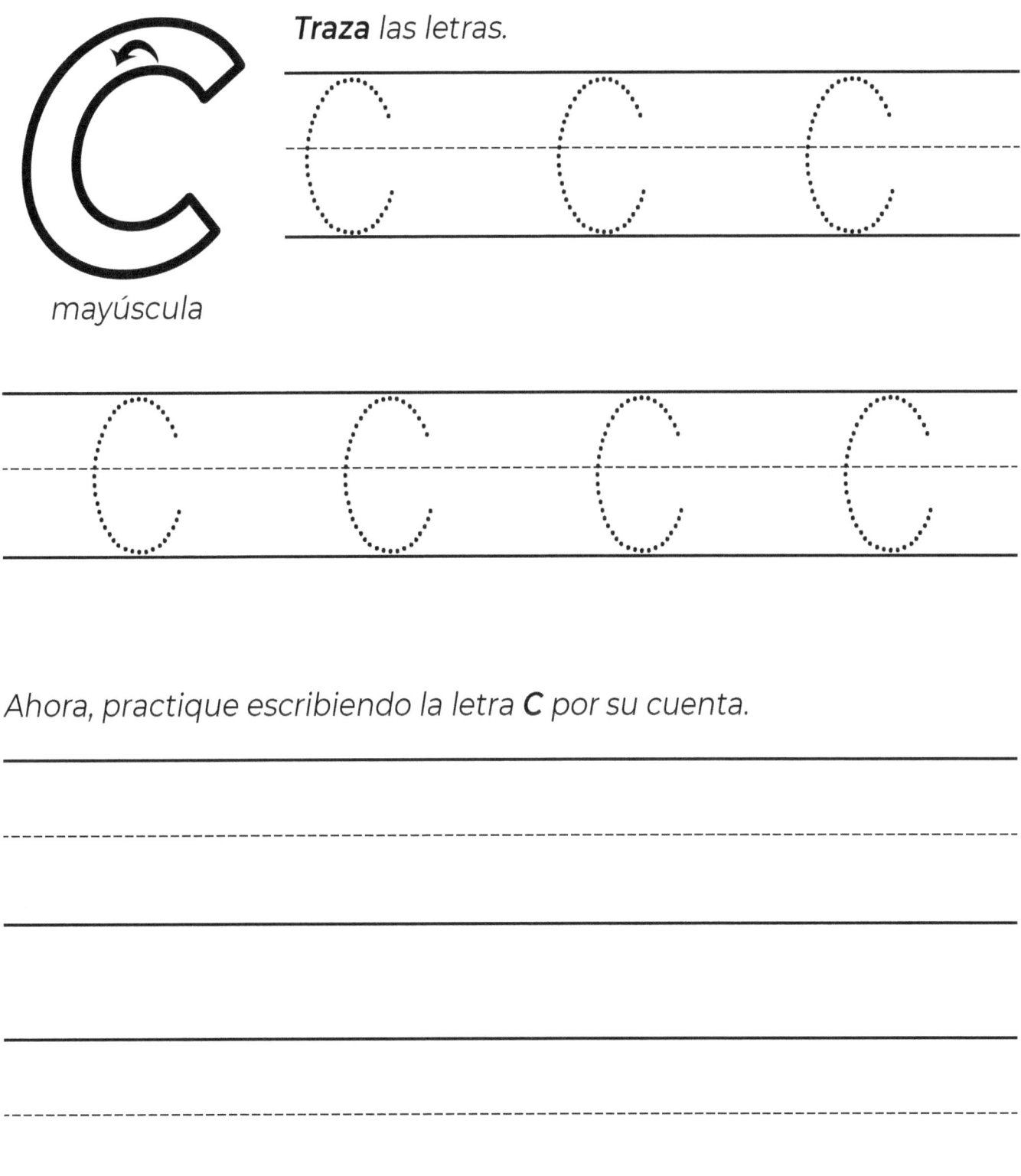

Traza las letras.

mayúscula

Ahora, practique escribiendo la letra **C** por su cuenta.

Nombre:_____

Traza las letras.

C C C

minúscula

c c c c

Ahora, practique escribiendo la letra **c** por su cuenta.

Denver International SchoolHouse

Nombre:_____

Traza.

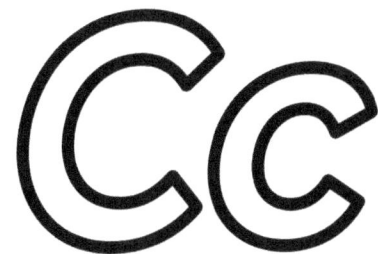

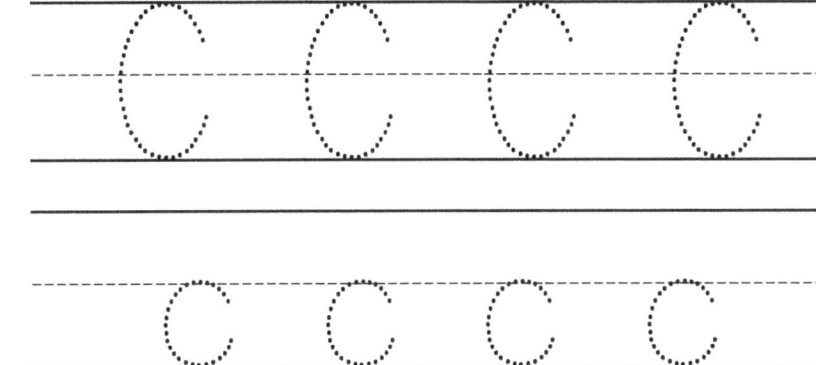

Encuentra.

Escribe.

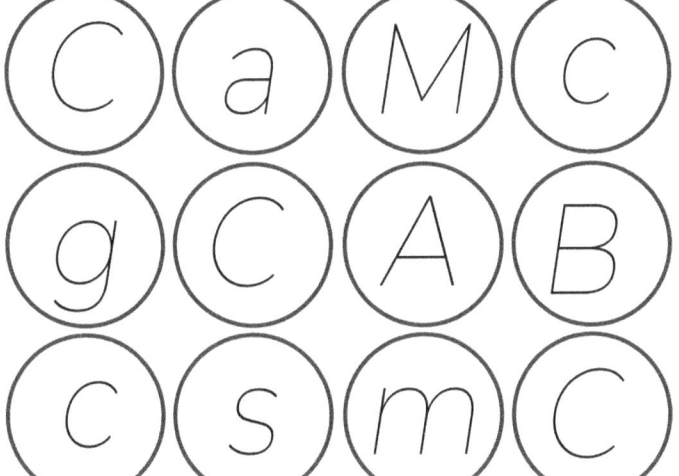

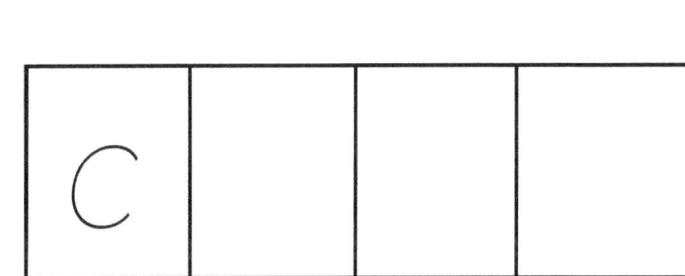

C   c

Corta y Pega.

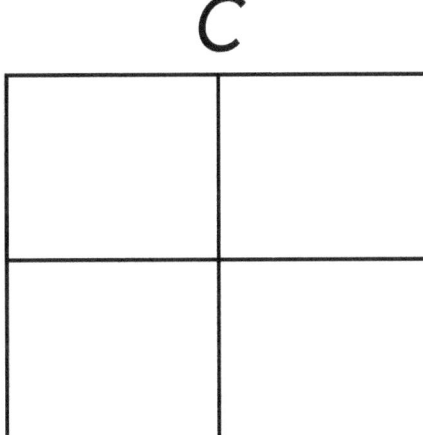

| c | C | c | c | c | c | C | C |

Nombre:_____

Sonido inicial Cc

Colorea el Canguro.

Nombre:_____

W  w

Sigue las letras W y w para dibujar el camino hacia el Wafle.

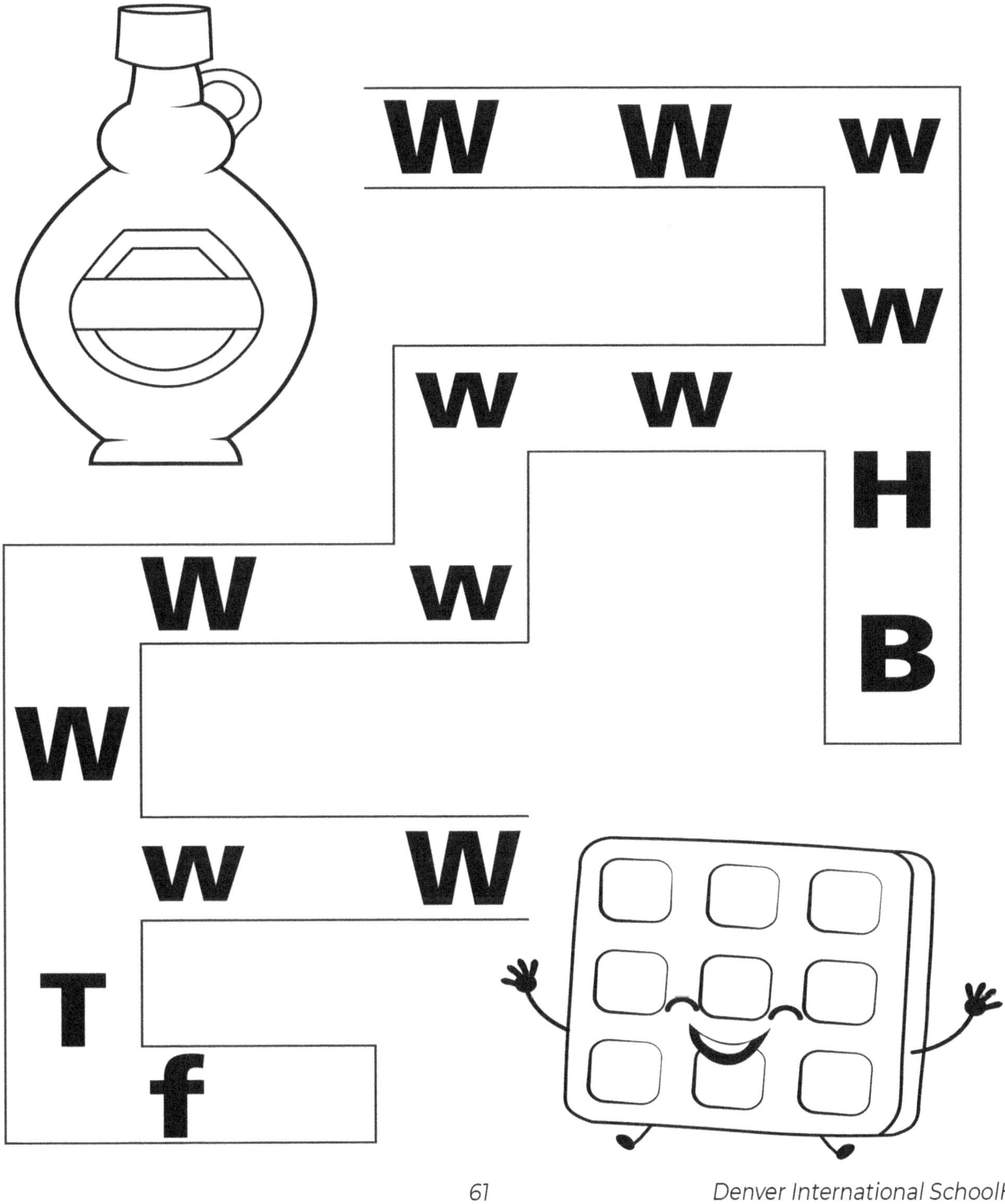

Traza las letras.

mayúscula

Ahora, practique escribiendo la letra **W** por su cuenta.

Denver International SchoolHouse

Nombre:_____

Traza las letras.

w w w

minúscula

w w w w

Ahora, practique escribiendo la letra **w** por su cuenta.

Nombre:_____

Traza.

Encuentra.

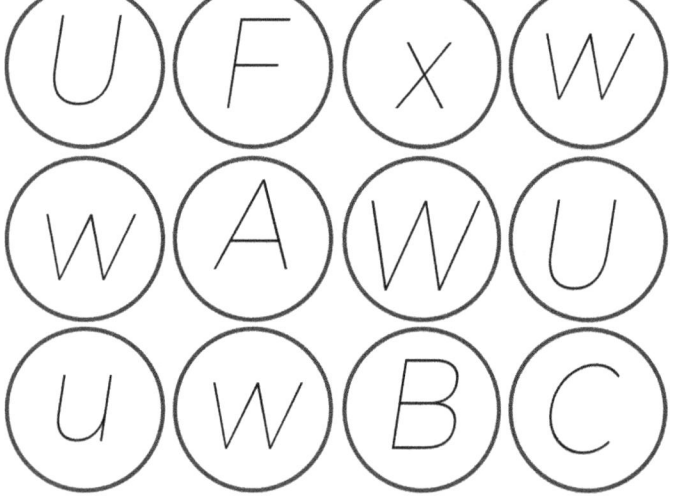

Escribe.

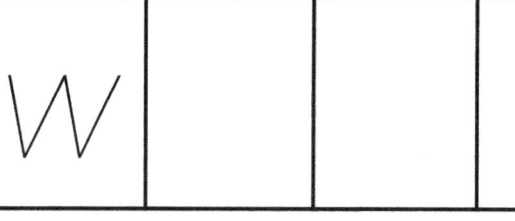

W   w

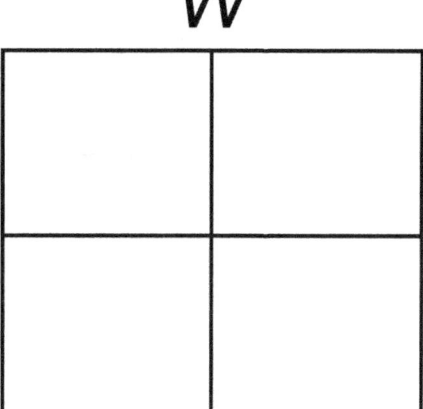

Corta y Pega.

| w | w | W | W | w | w | W | W |

Nombre:_____

Sonido inicial Ww

Colorea los Walkie Talkie.

Nombre:____________________

R r

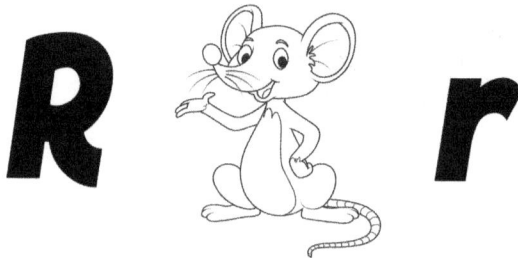

Sigue las letras R *y* r *para dibujar el camino del Rato al queso.*

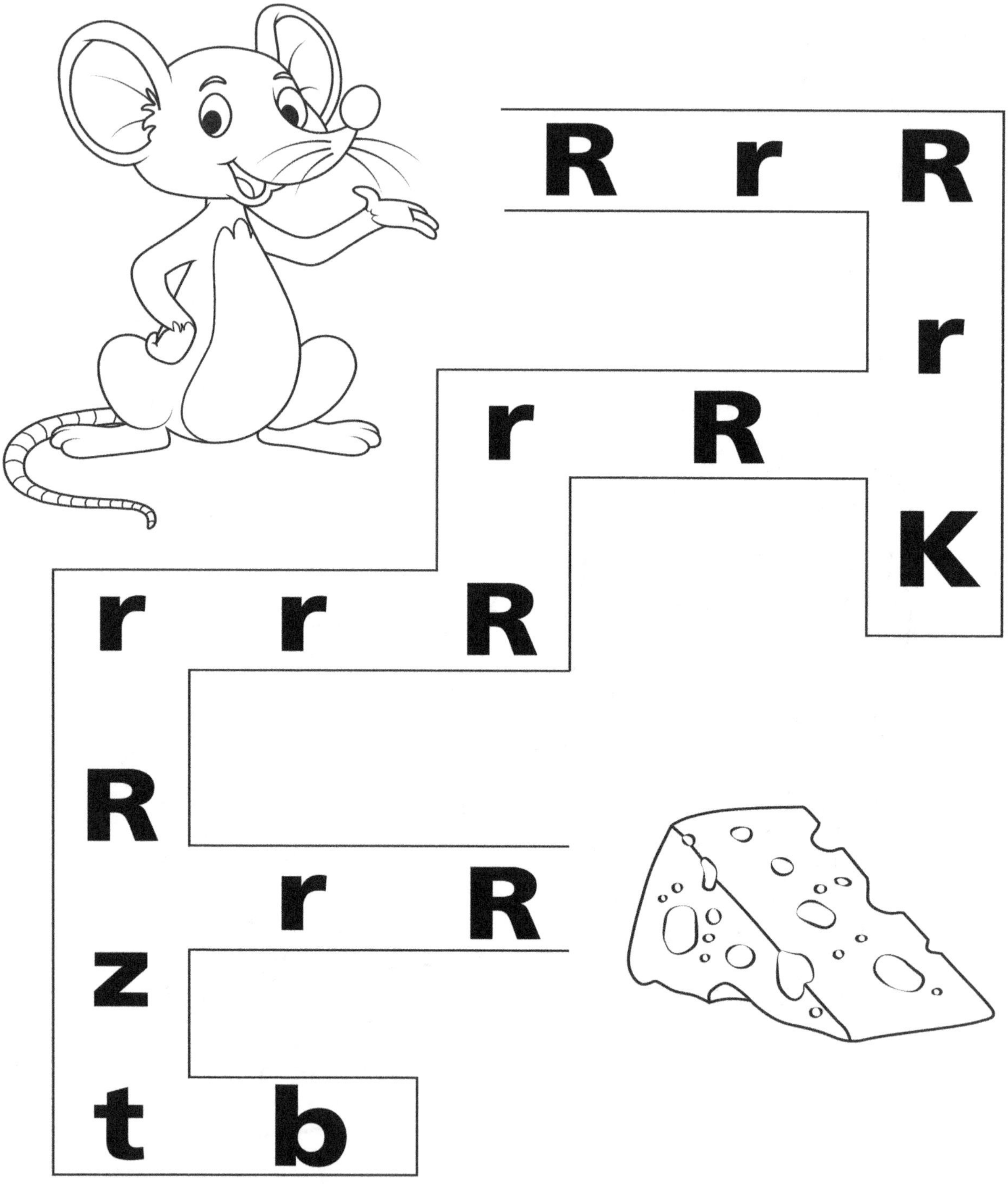

Nombre:_____

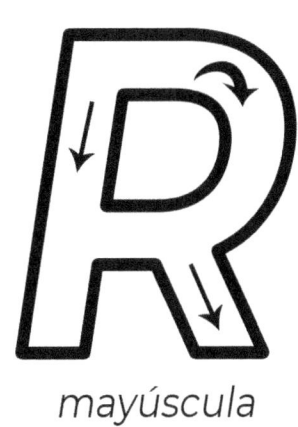
mayúscula

Traza *las letras.*

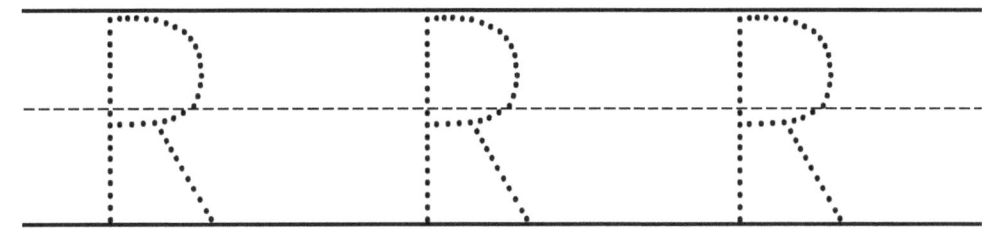

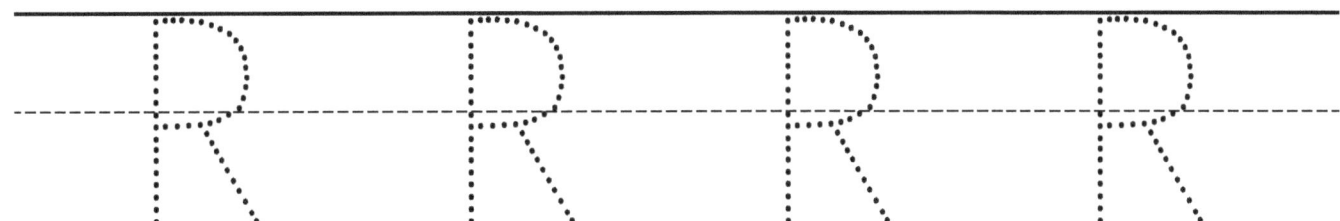

*Ahora, practique escribiendo la letra **R** por su cuenta.*

Nombre:_____

Traza las letras.

minúscula

Ahora, practique escribiendo la letra **r** por su cuenta.

Denver International SchoolHouse

Nombre:_____

Traza.

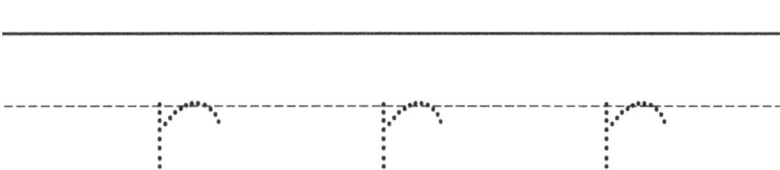

Encuentra.

Escribe.

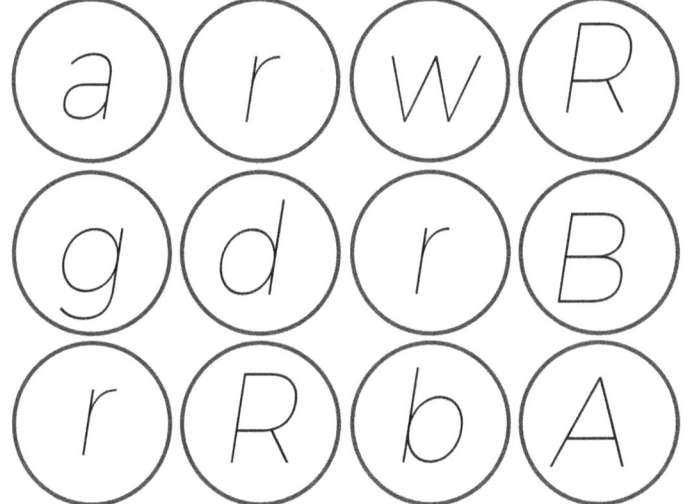
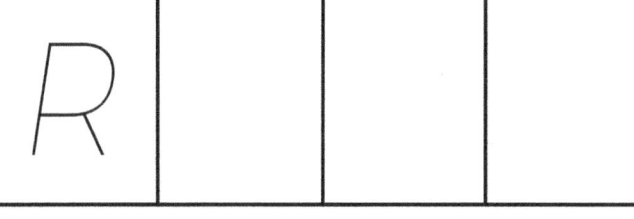
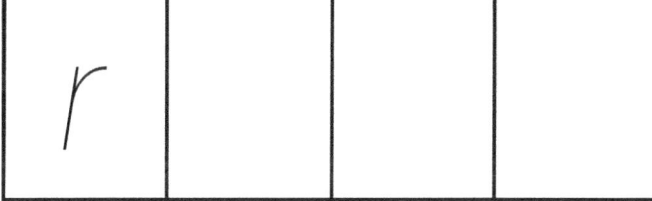

R   r

Corta y Pega.

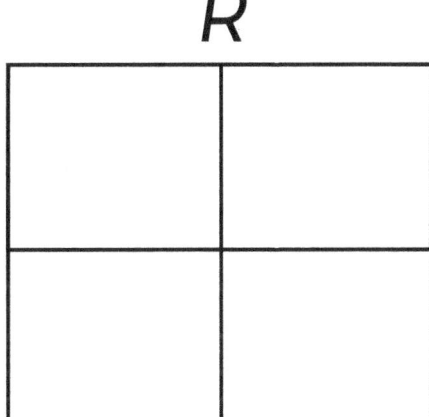
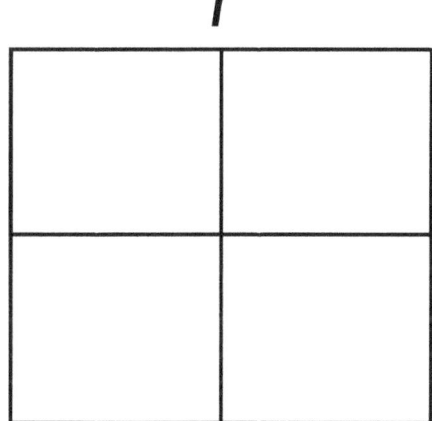

| R | R | R | R | r | r | r | r |

Nombre:_____

Sonido inicial Rr

Colorea la Rana.

Nombre:_____

G  g

Circula los globos que contengas las letras G y g.

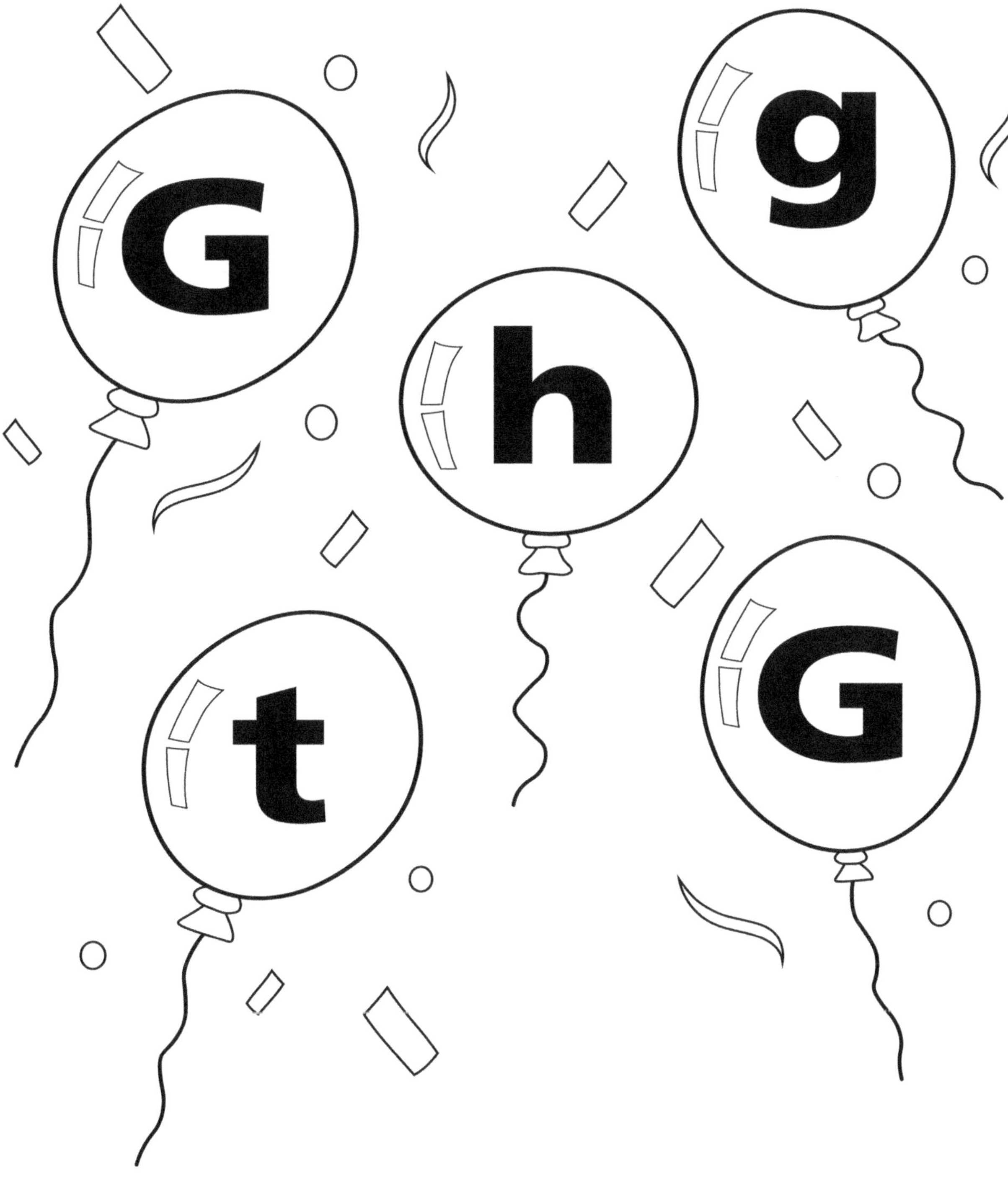

- G
- g
- h
- t
- G

Nombre:_____

Traza las letras.

mayúscula

Ahora, practique escribiendo la letra **G** por su cuenta.

Nombre:_____

Traza las letras.

minúscula

Ahora, practique escribiendo la letra **g** por su cuenta.

Nombre:_____

Traza.

Encuentra. Escribe.

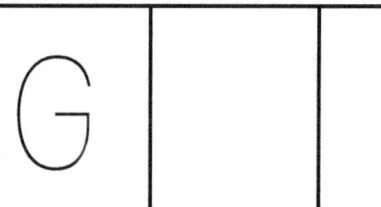

Pega G g

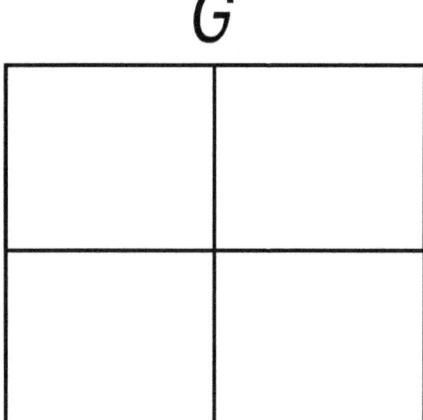

| g | G | g | G | g | G | g | G |

Nombre:_____

Sonido inicial Gg

Colorea el Gato.

Nombre:____________________

Y y

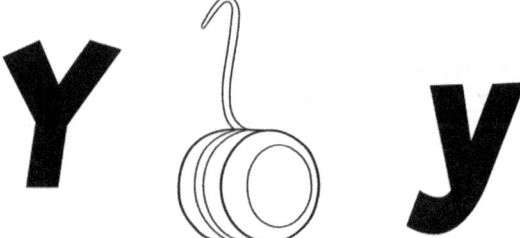

*Colorea las letras **Yy**.*

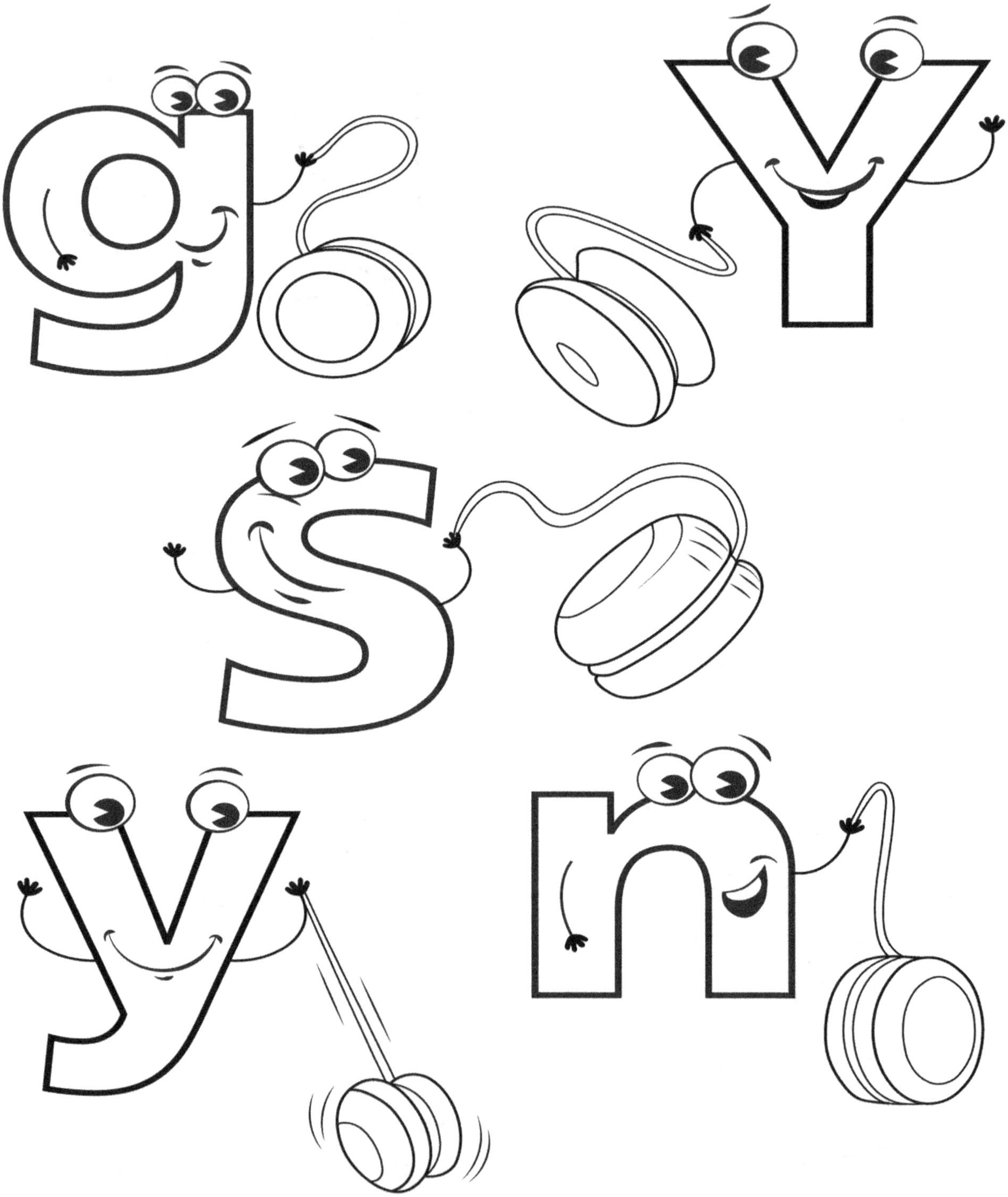

Nombre:_____

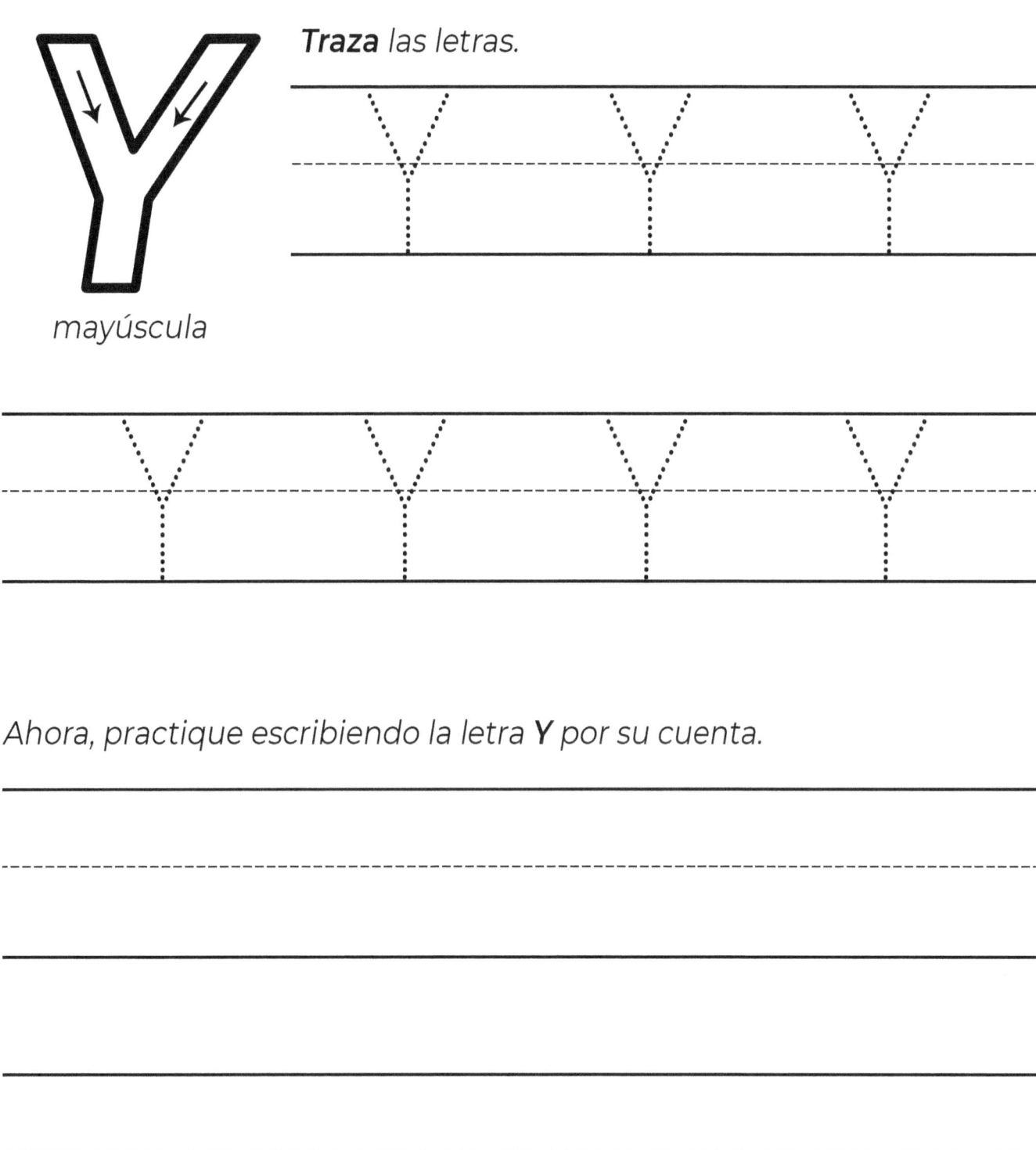

mayúscula

Traza las letras.

Ahora, practique escribiendo la letra **Y** por su cuenta.

Nombre:_____

Traza las letras.

minúscula

Ahora, practique escribiendo la letra **y** por su cuenta.

Denver International SchoolHouse

Nombre:_____

Traza.

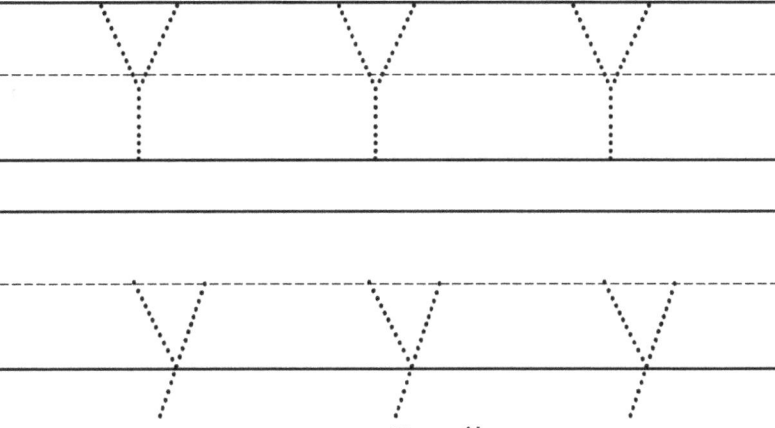

Encuentra.

Escribe.

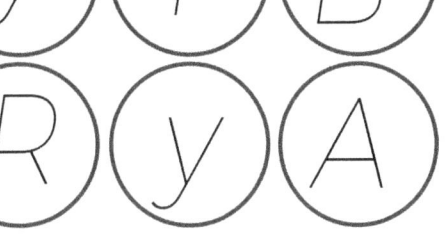

Y

y

Corta y Pega.

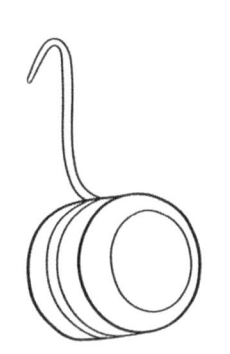

| Y | y | Y | y | Y | y | Y | y |

Nombre:_____

Sonido inicial Yy

Colorea el Yeso del niño.

Nombre:____________________

Q q

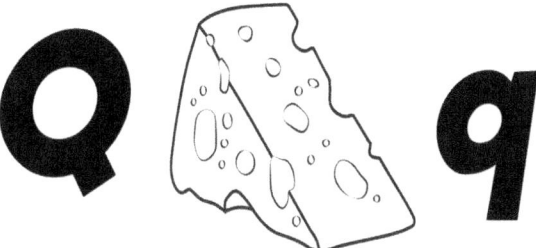

Colorea las letras Qq.

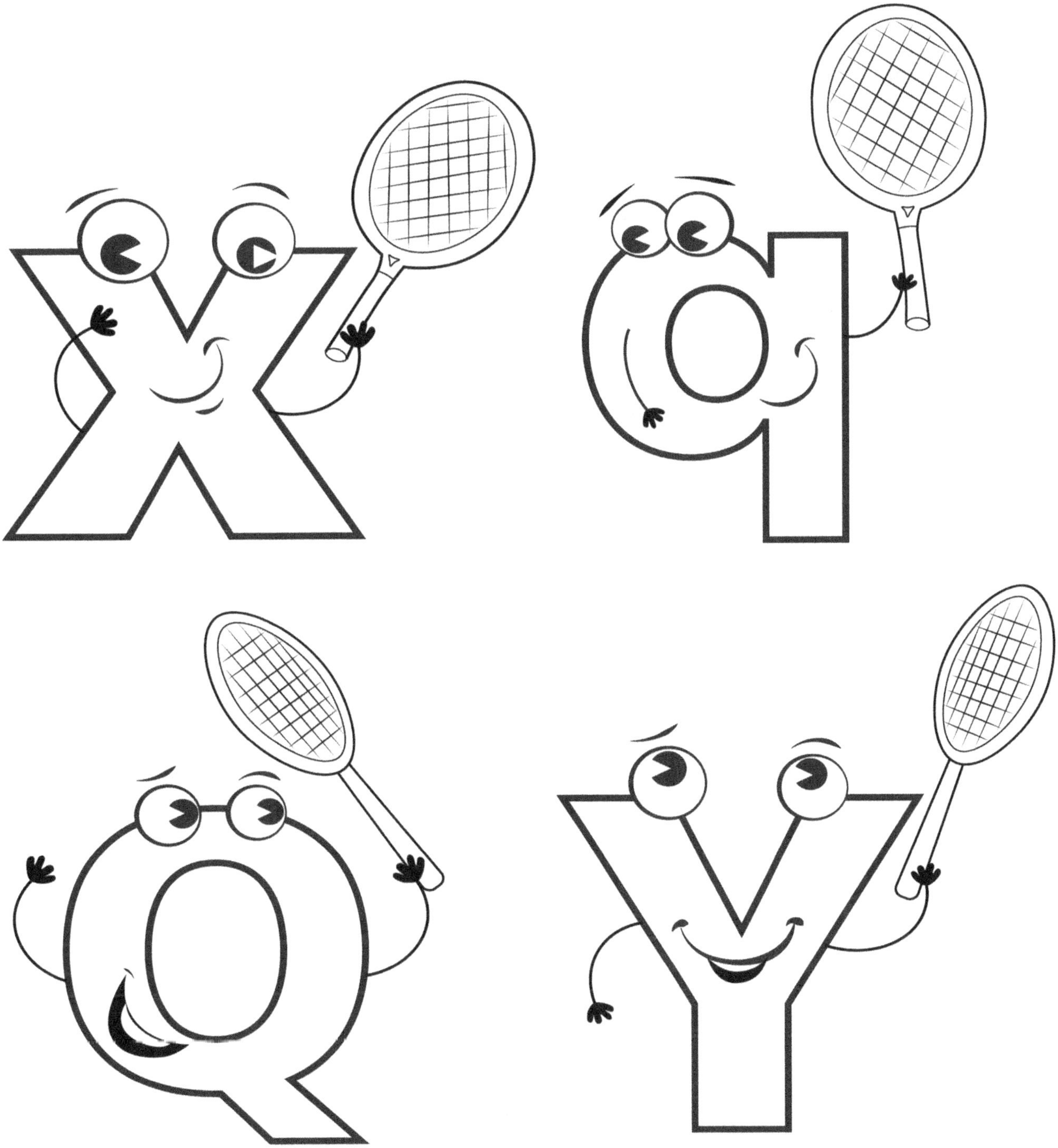

Nombre:_____

Traza las letras.

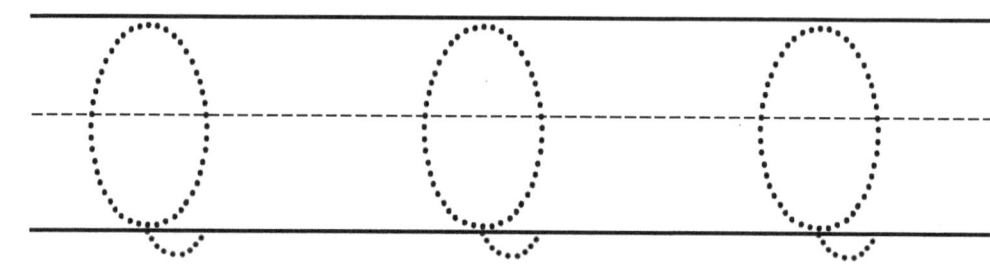

mayúscula

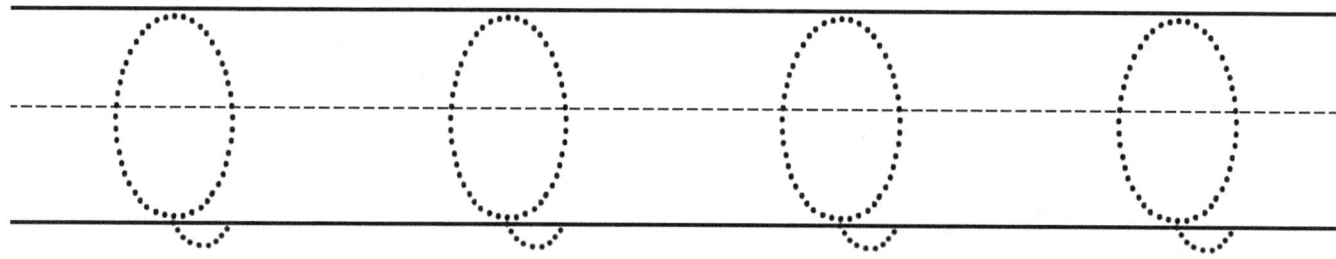

Ahora, practique escribiendo la letra **Q** por su cuenta.

Nombre:_____

Traza *las letras.*

minúscula

Ahora, practique escribiendo la letra **q** por su cuenta.

Nombre:_____

Traza.

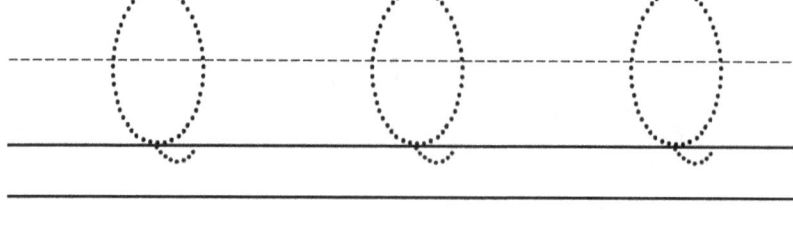

Encuentra.

Escribe.

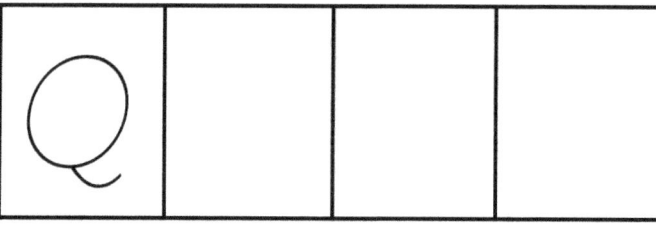

Q

q

Corta y Pega.

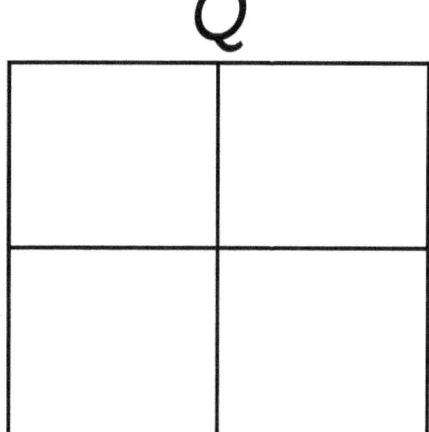

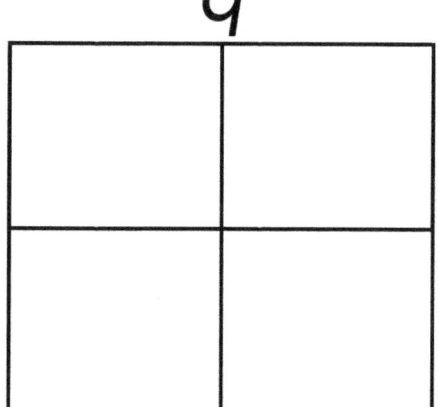

| q | q | q | q | Q | Q | Q | Q |

Denver International SchoolHouse   84

Nombre:_____

Sonido inicial Qq

Colorea los Quesos.

Nombre:____________________

V v

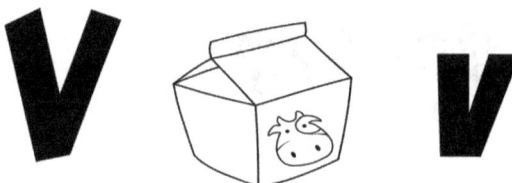

*Sigue las letras **V** y **v** para dibujar el camino de la vaca hacia la leche.*

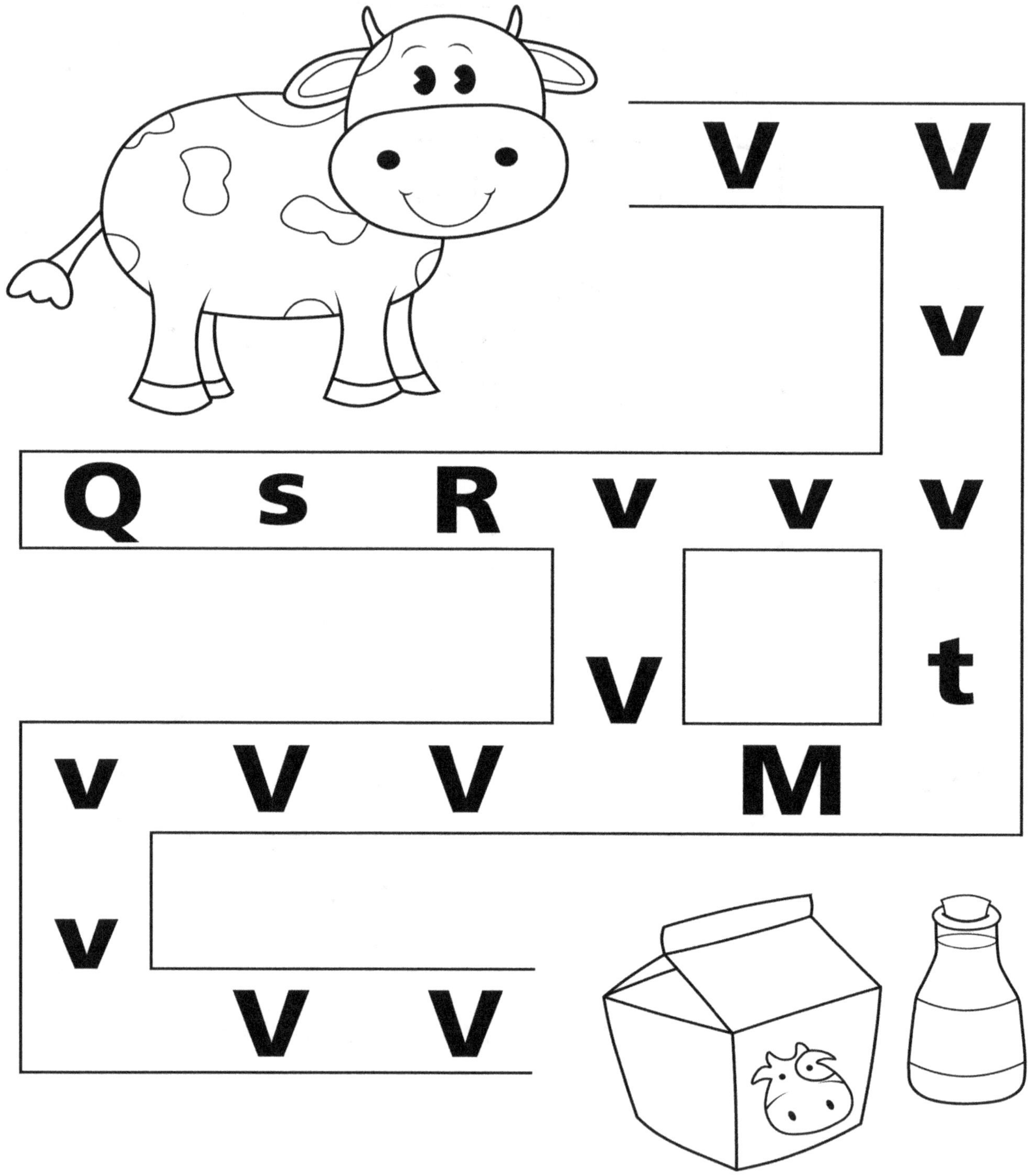

Nombre:_____

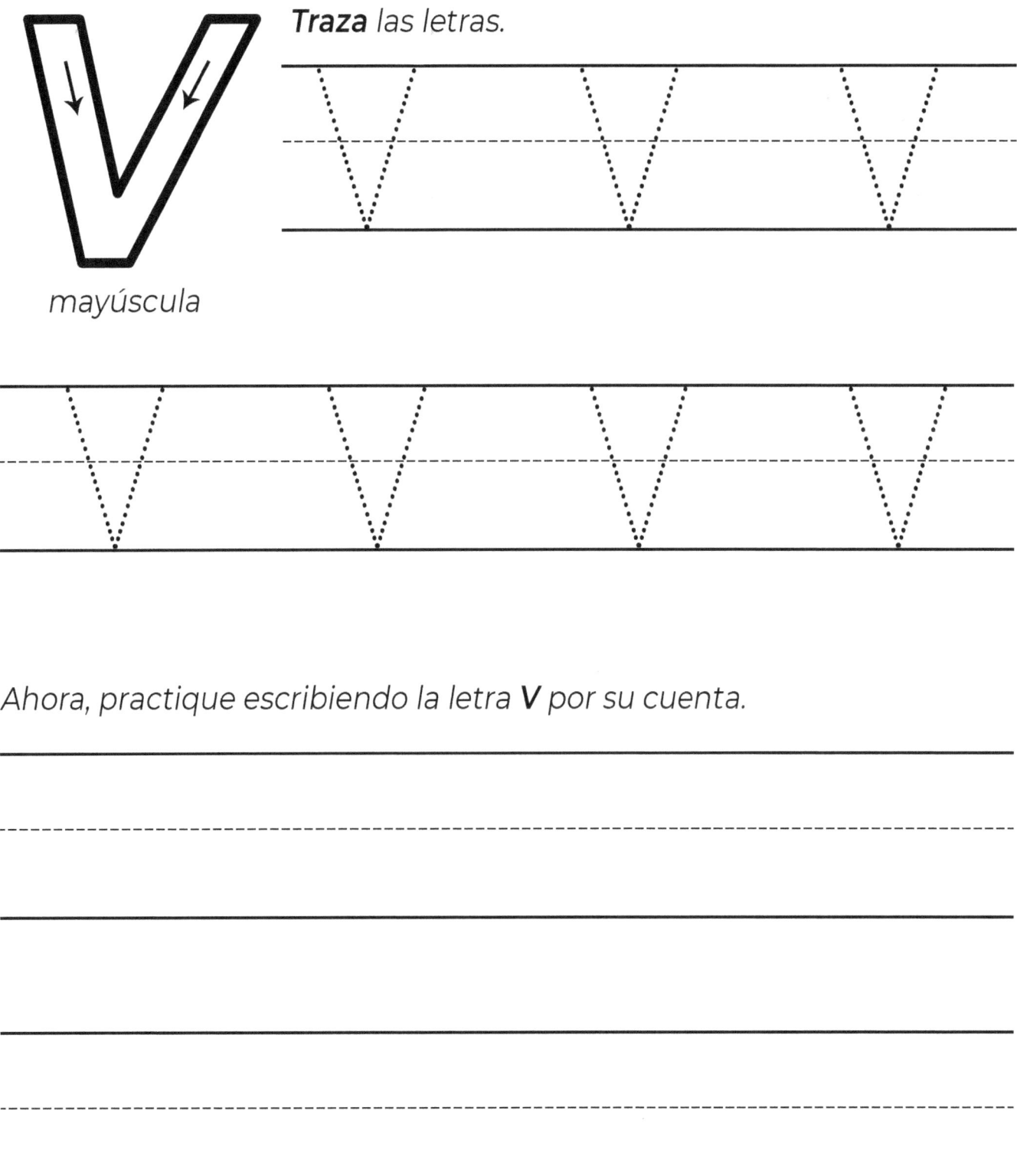

mayúscula

Traza las letras.

Ahora, practique escribiendo la letra **V** por su cuenta.

Nombre:_____

Traza las letras.

minúscula

Ahora, practique escribiendo la letra **v** por su cuenta.

Nombre:_____

Traza.

Encuentra.

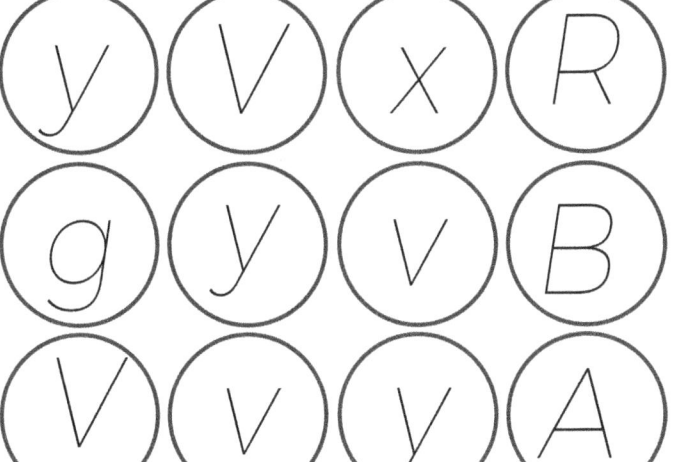

Escribe.

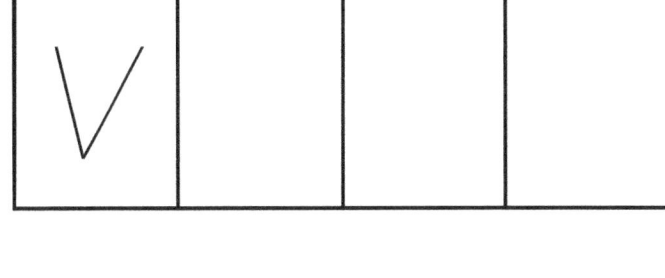

V   v

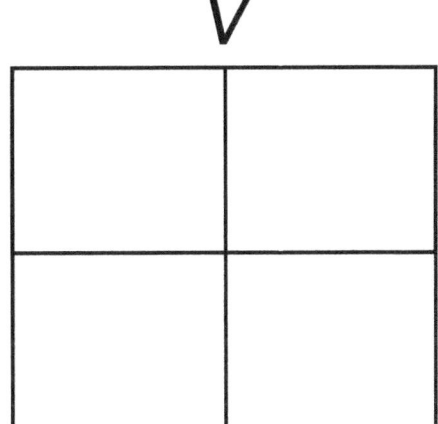
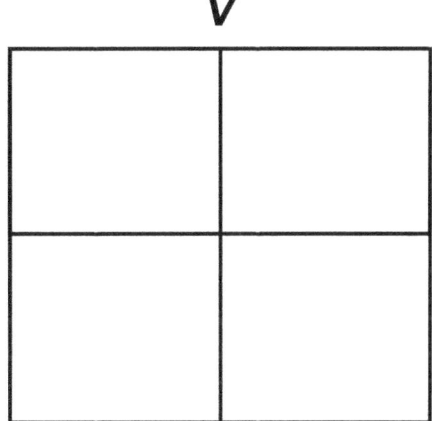

Corta y Pega.

V | v | v | V | V | v | V | v

Nombre:_____

Sonido inicial Vv

Colorea el Volcán.

Nombre:_____

J  j

Sigue las letras J y j para dibujar el camino de los juguetes a la caja.

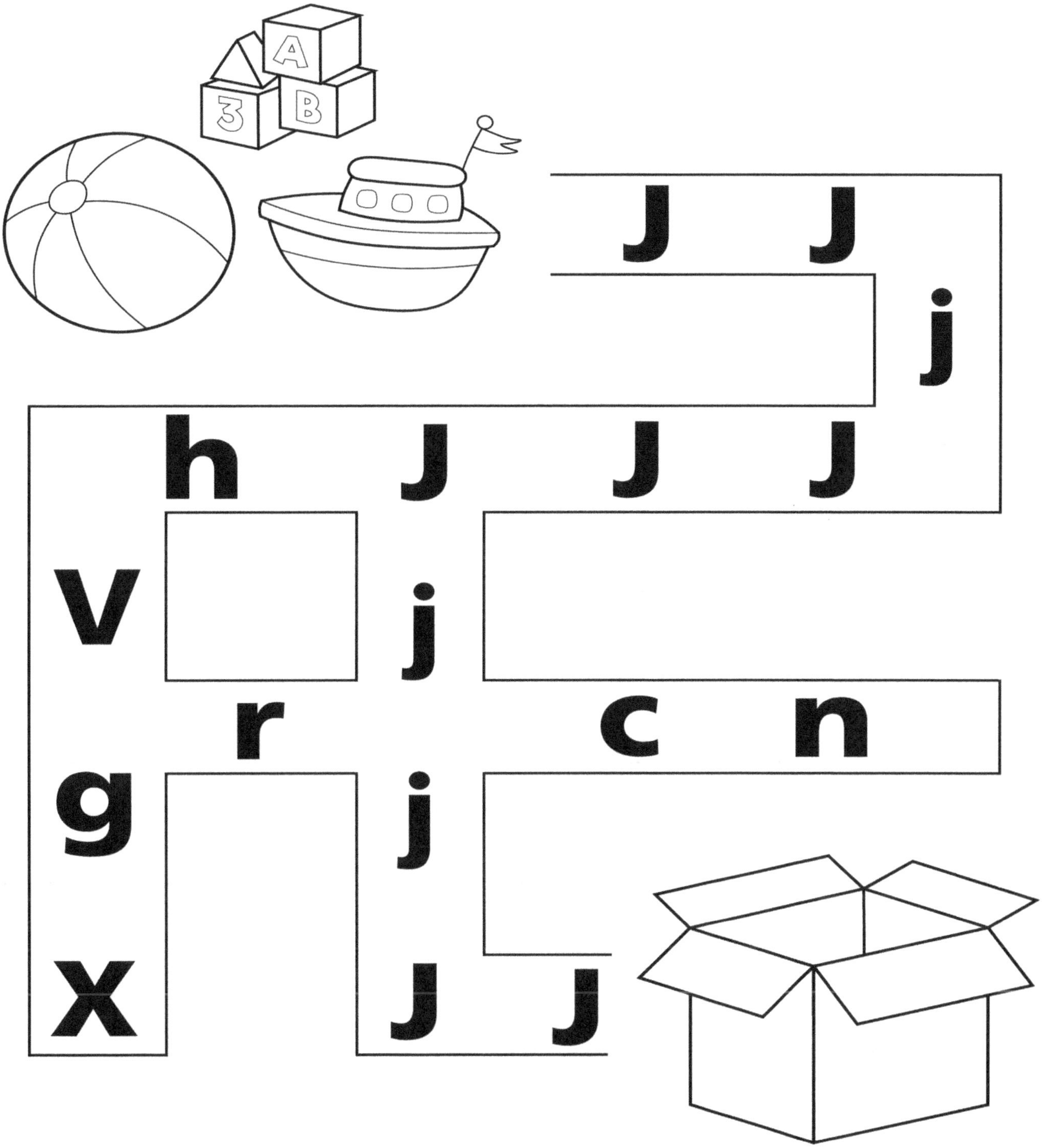

Nombre:_____

 **Traza** *las letras.*

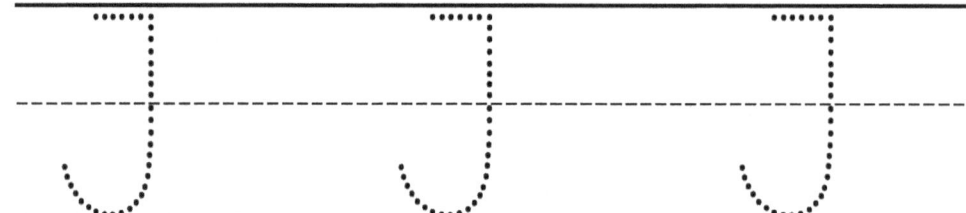

mayúscula

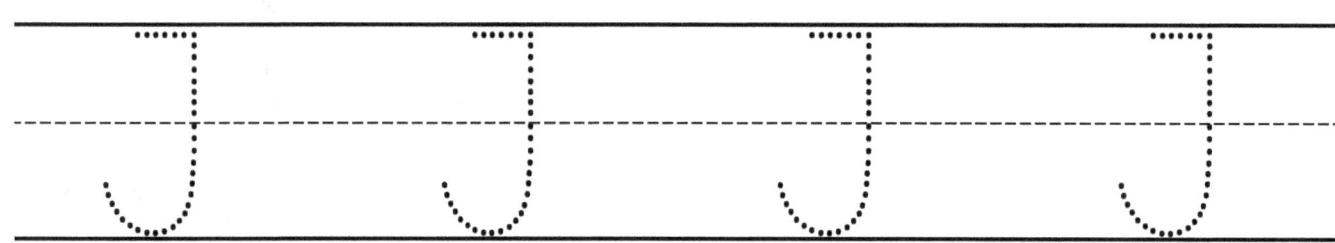

Ahora, practique escribiendo la letra **J** por su cuenta.

Denver International SchoolHouse

Nombre:_____

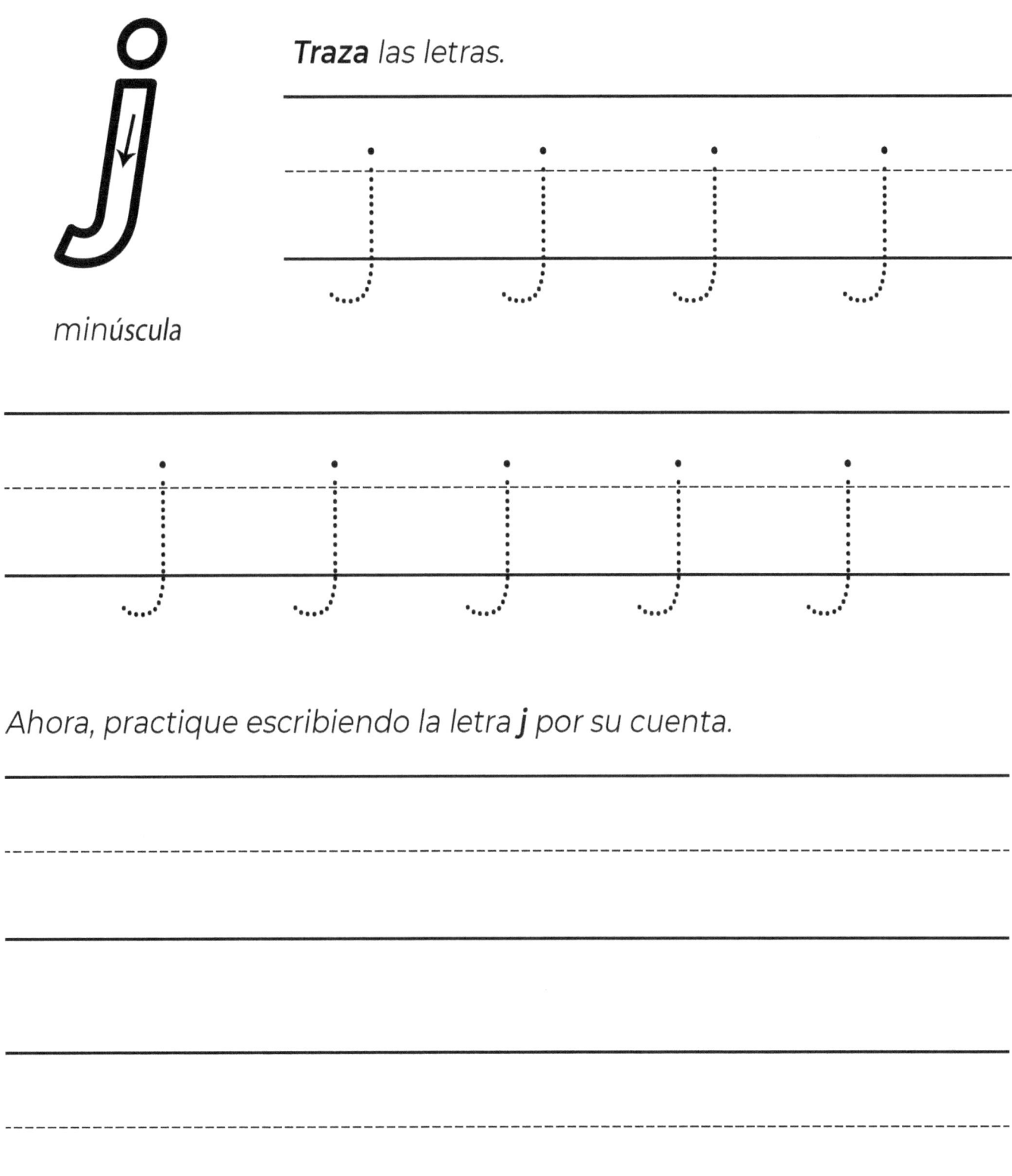

minúscula

Traza las letras.

Ahora, practique escribiendo la letra *j* por su cuenta.

Nombre:_____

Traza.

Jj

Encuentra.

Escribe.

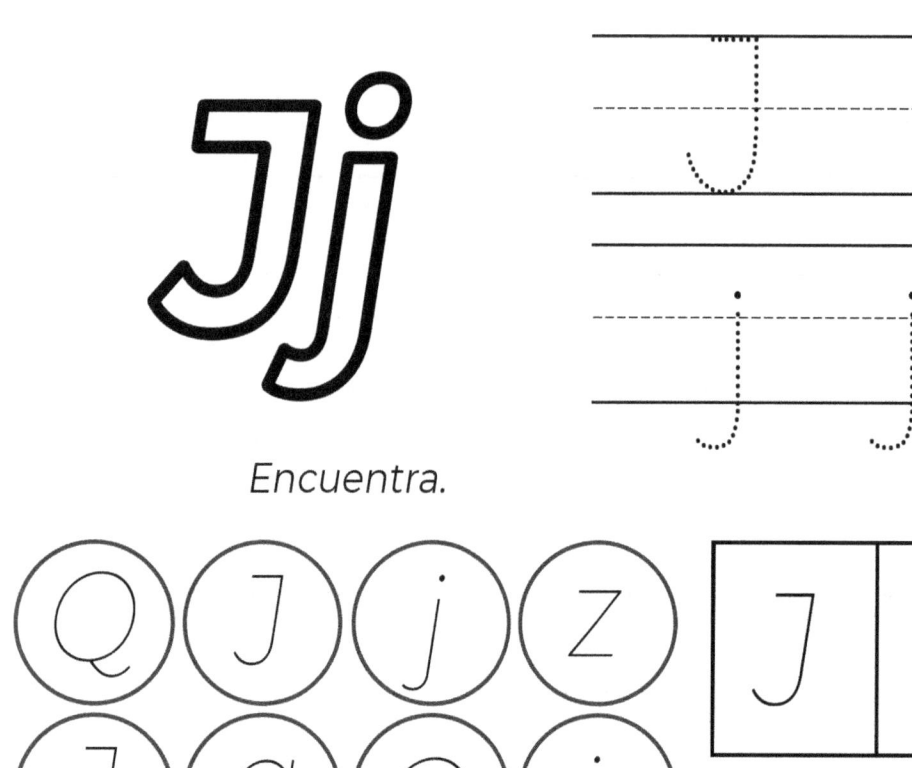

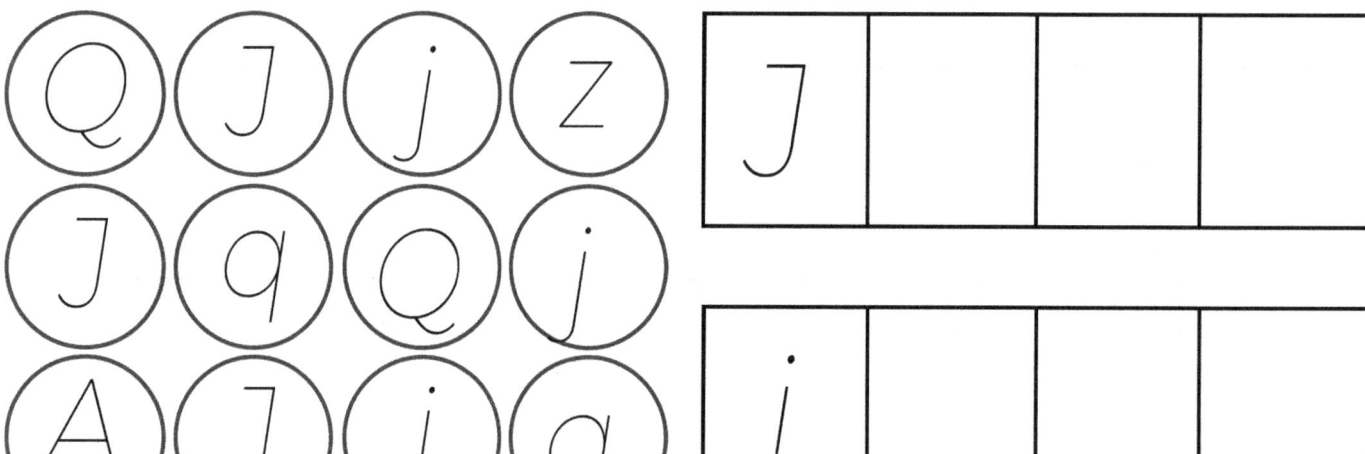

J j

Corta y Pega.

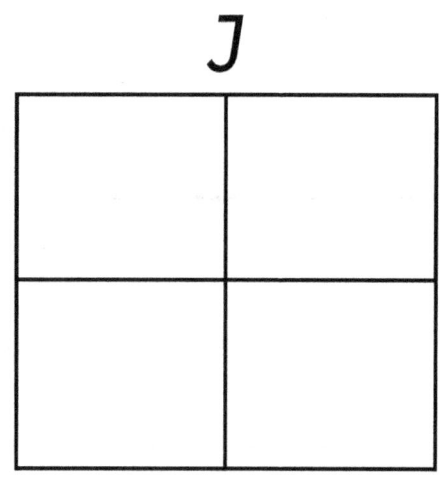

| j | j | J | J | J | J | j | j |

Nombre:_____

Sonido inicial Jj

Colorea la Jirafa.

Nombre:______________________

O o

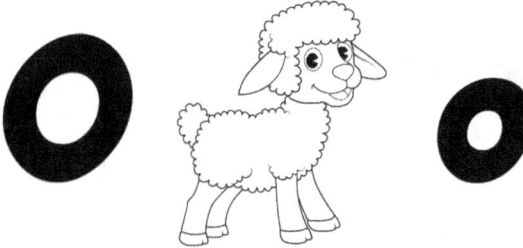

Sigue las letras O y o para dibujar el camino de la Oveja.

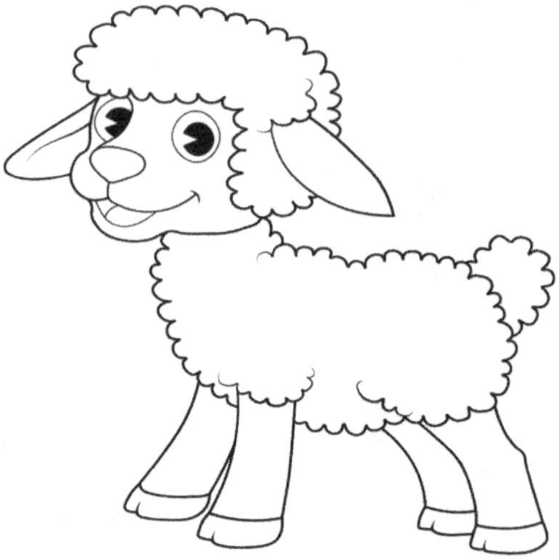

O O O
o
r G O o o
w F O H i
o
g
C

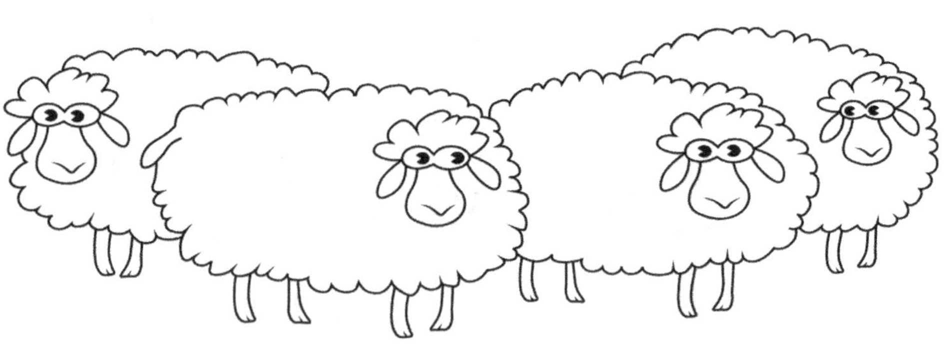

Nombre:_____

Traza las letras.

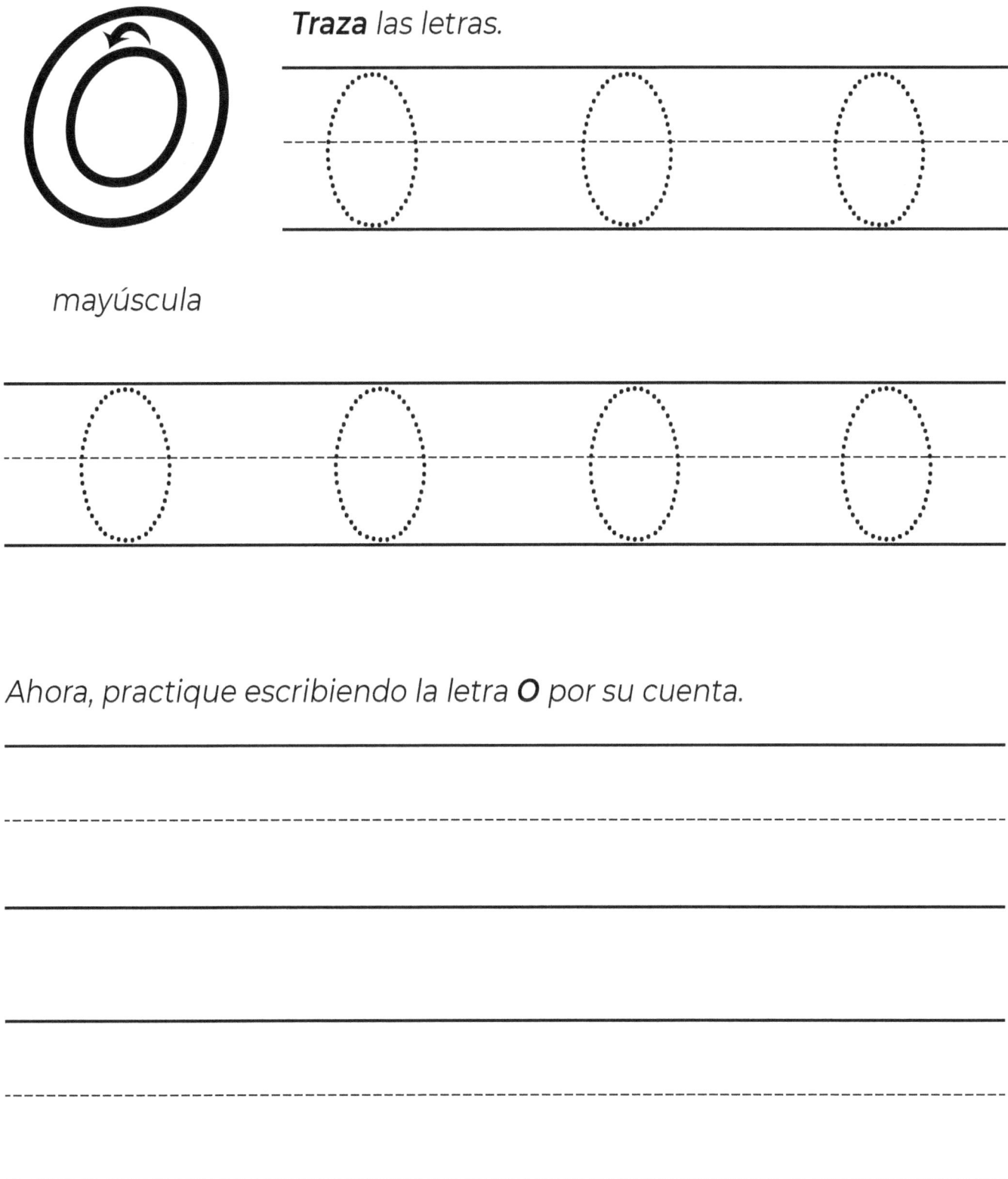

mayúscula

Ahora, practique escribiendo la letra **O** por su cuenta.

Nombre:_____

Traza las letras.

minúscula

Ahora, practique escribiendo la letra **o** por su cuenta.

Nombre:_____

Traza.

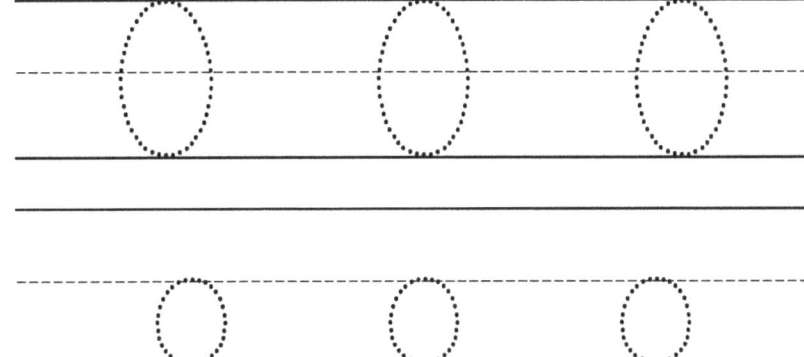

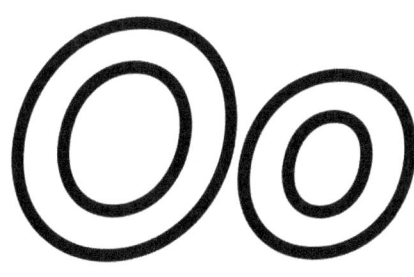

Encuentra.

Escribe.

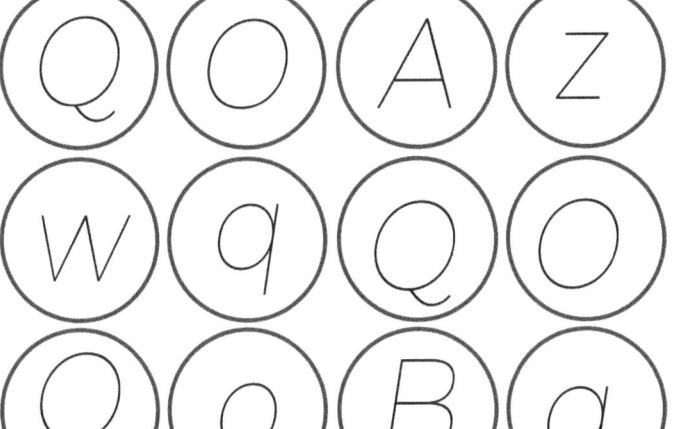

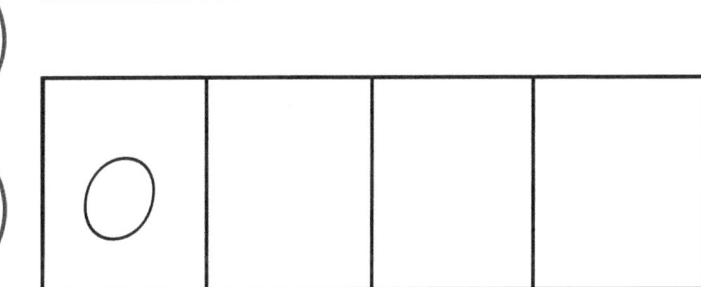

Corta y Pega.

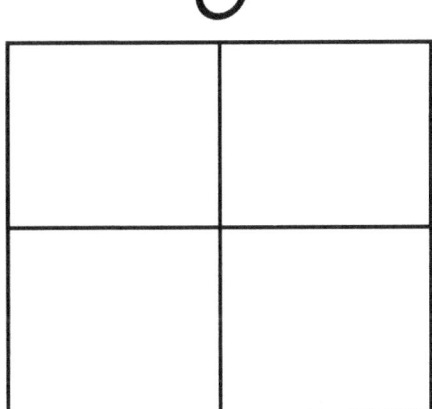

Nombre:_____

Sonido inicial Oo

Colorea el Oso.

Nombre:_____

Z  z

Circula los zapatos que contengas las letras Z y z.

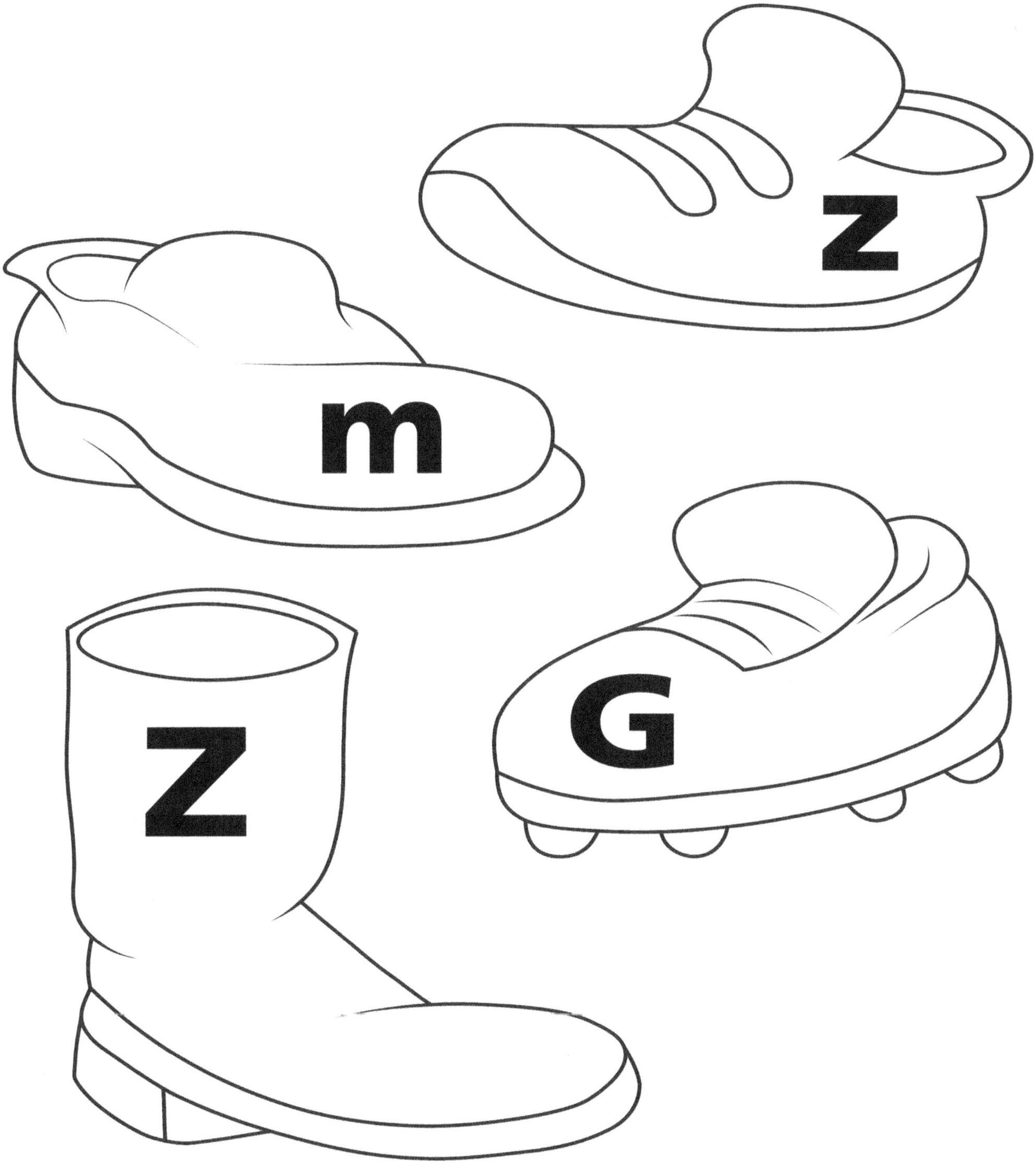

Nombre:_____

Z

mayúscula

Traza las letras.

Ahora, practique escribiendo la letra **Z** por su cuenta.

Denver International SchoolHouse

Nombre:_____

Traza las letras.

minúscula

Ahora, practique escribiendo la letra **z** por su cuenta.

Nombre:_____

Traza.

Zz

Encuentra.

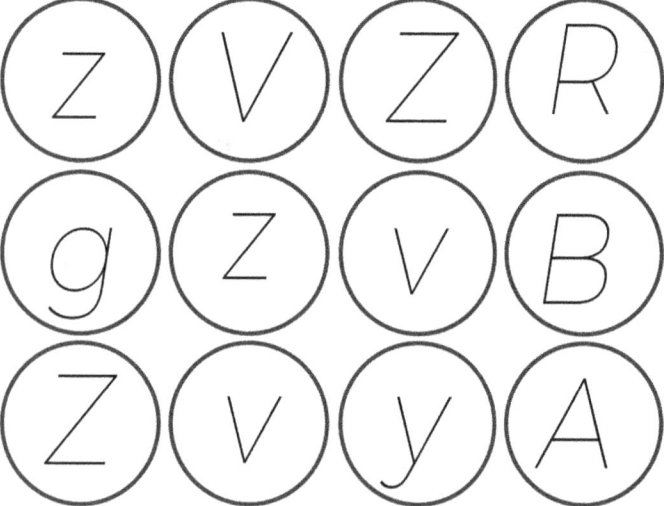

Escribe.

Corta y Pega.

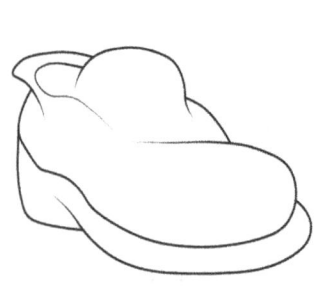

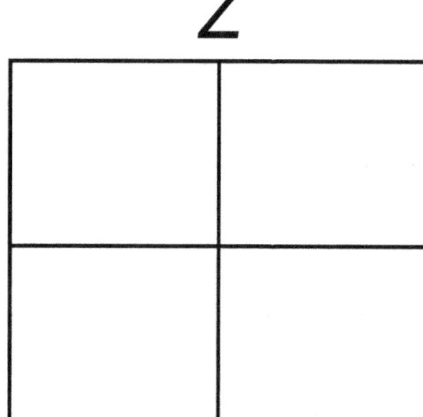

Denver International SchoolHouse

Nombre:_____

Sonido inicial Zz

Colorea el Zorro.

Nombre:_____

L 📖 **l**

Colorea las letras L y l.

Nombre:_____

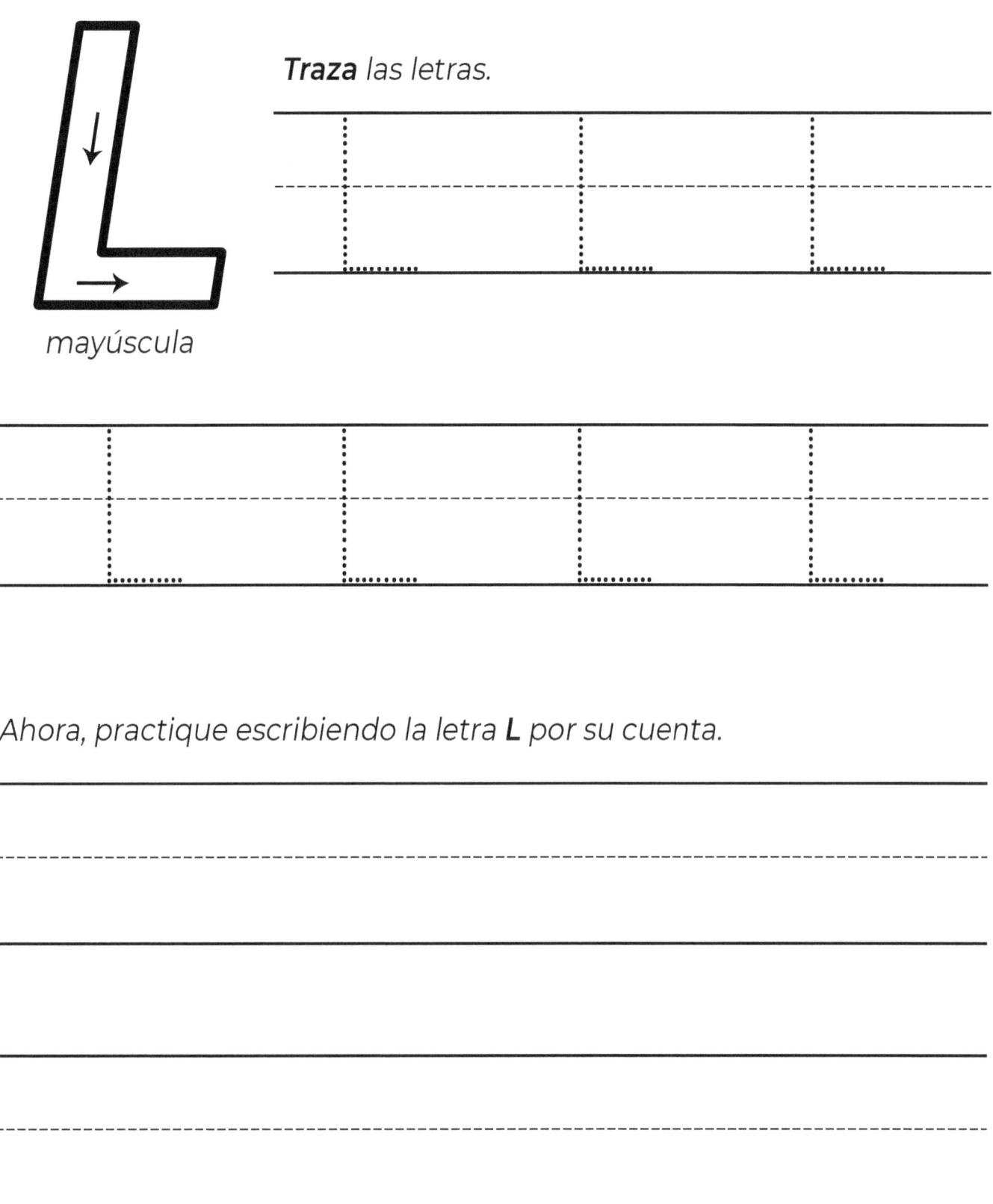

Traza las letras.

mayúscula

Ahora, practique escribiendo la letra **L** por su cuenta.

Nombre:_____

Traza las letras.

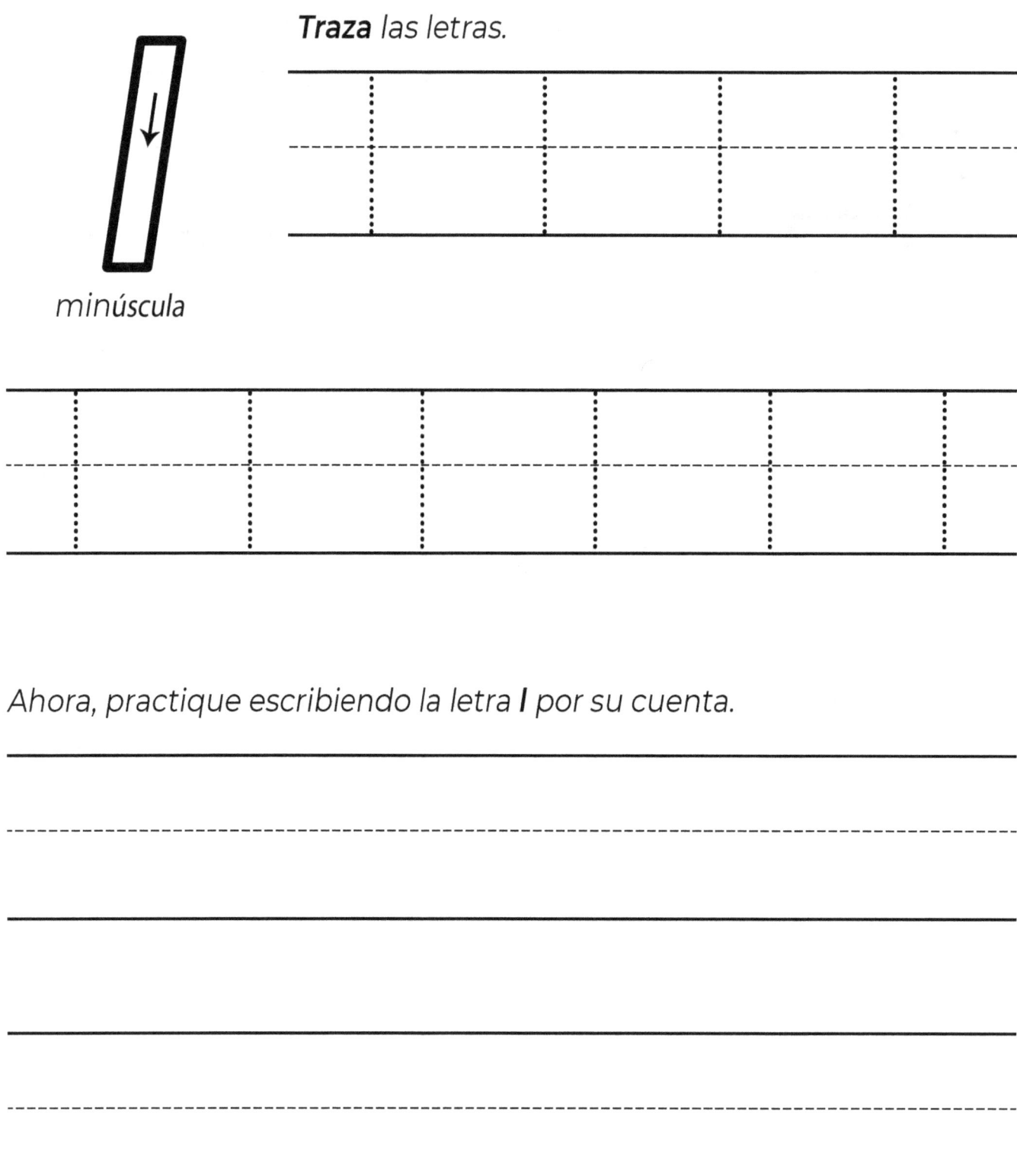

minúscula

Ahora, practique escribiendo la letra **l** por su cuenta.

Denver International SchoolHouse

Nombre:_____

Traza.

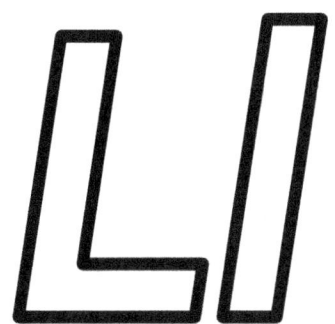

Encuentra.

Escribe.

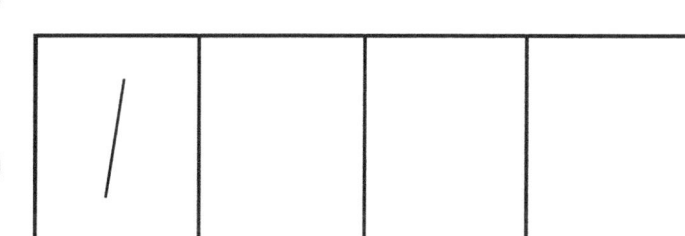

L · l

Corta y Pega.

| L | l | l | L | L | L | l | l |

Nombre:_____

Sonido inicial Ll

Colorea el León.

Nombre:_____

H  h

Sigue las letras H y h para dibujar el camino del Hámster a la rueda.

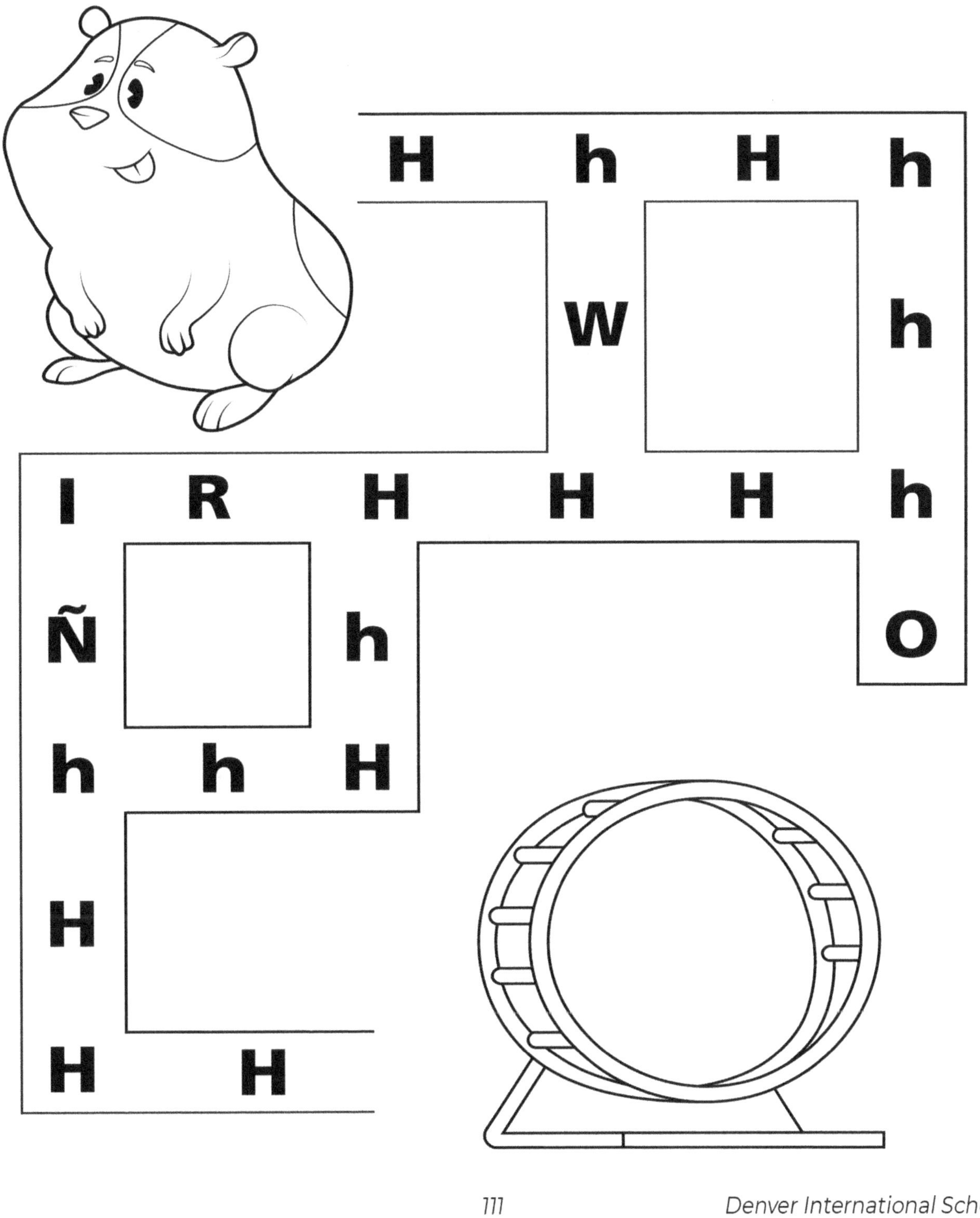

Nombre:_____

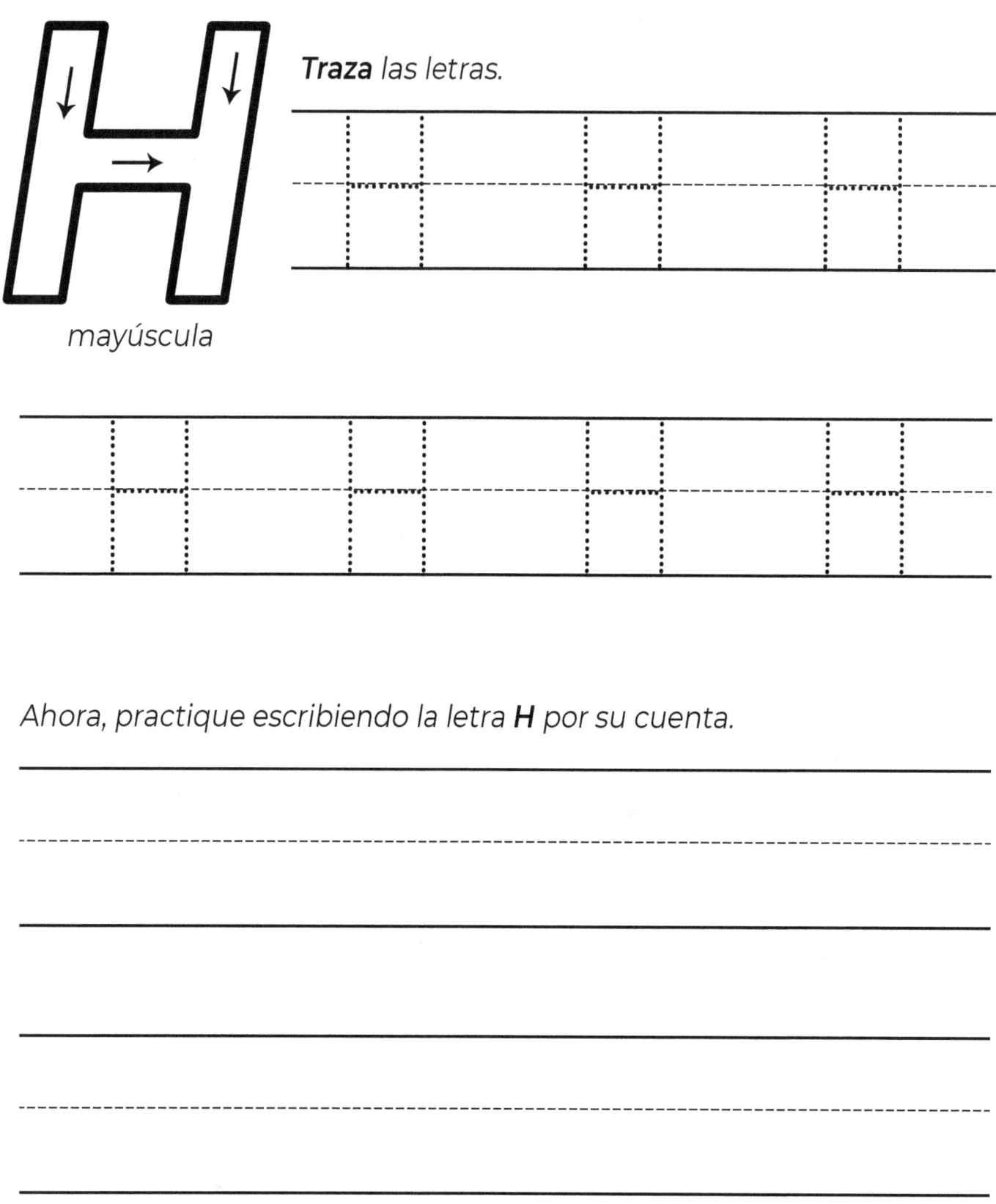

Traza las letras.

mayúscula

Ahora, practique escribiendo la letra **H** por su cuenta.

*Nombre:*_____

Traza las letras.

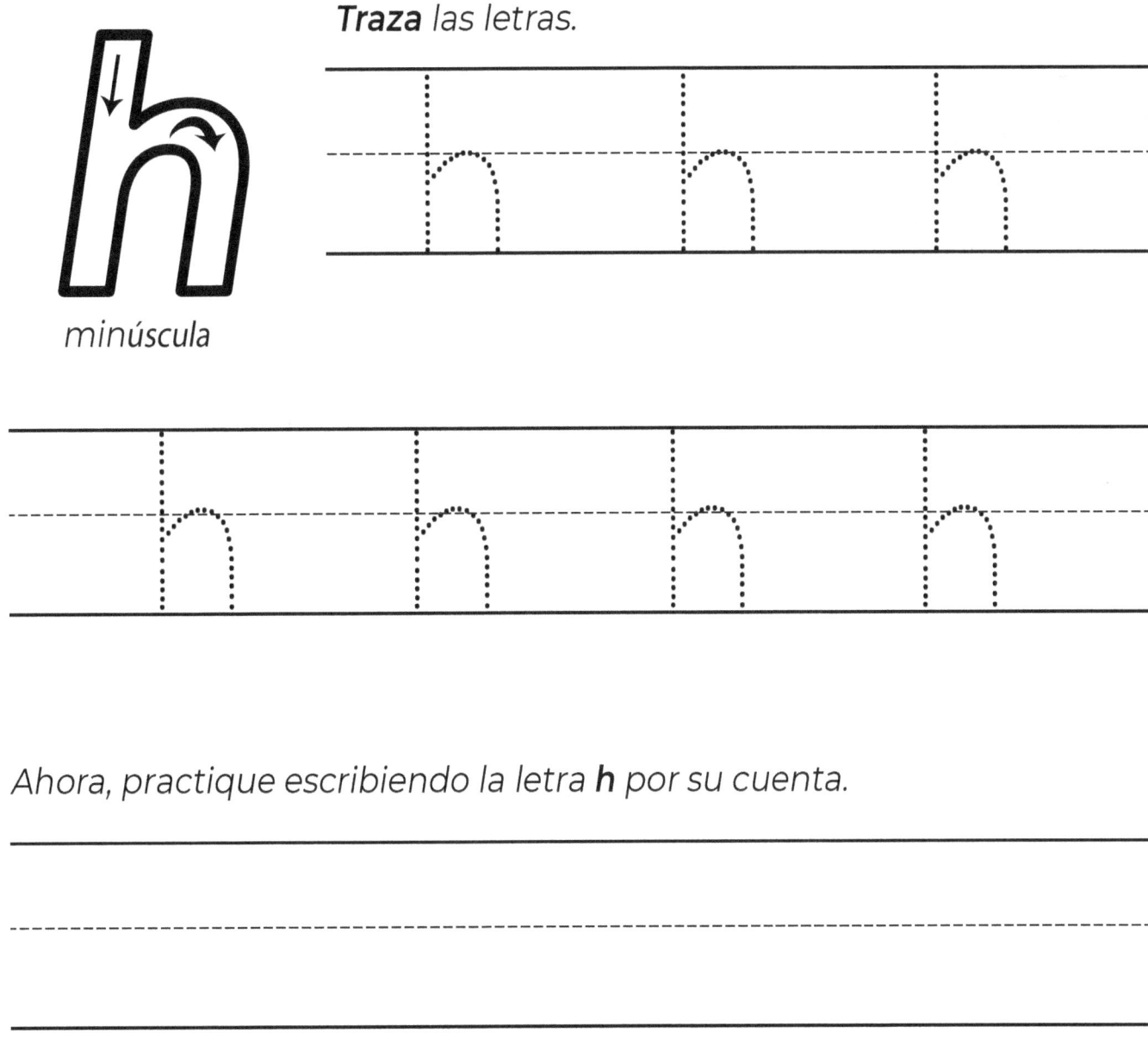

minúscula

Ahora, practique escribiendo la letra **h** por su cuenta.

Nombre:_____

Traza.

Encuentra.   Escribe.

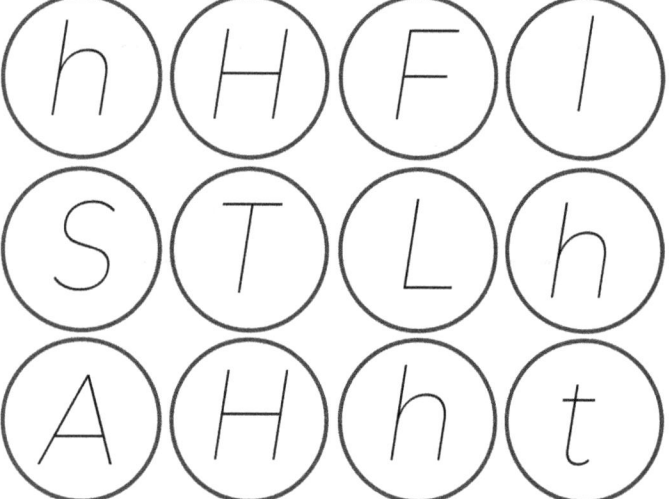

Corta y Pega.

H   h

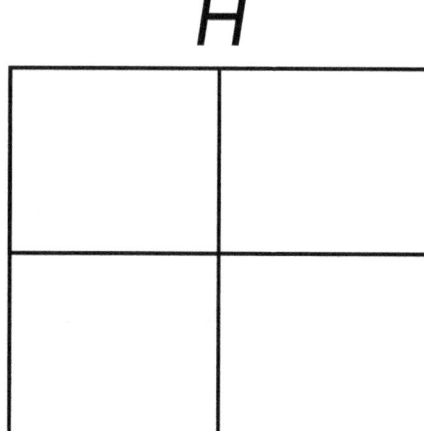

| H | h | H | h | H | h | H | h |

Denver International SchoolHouse   114

Sonido inicial Hh

Colorea el Hipopótamo.

Nombre:_____

CH  ch

*Sigue las letras **CH** y **ch** para dibujar el camino hacia la Chimenea.*

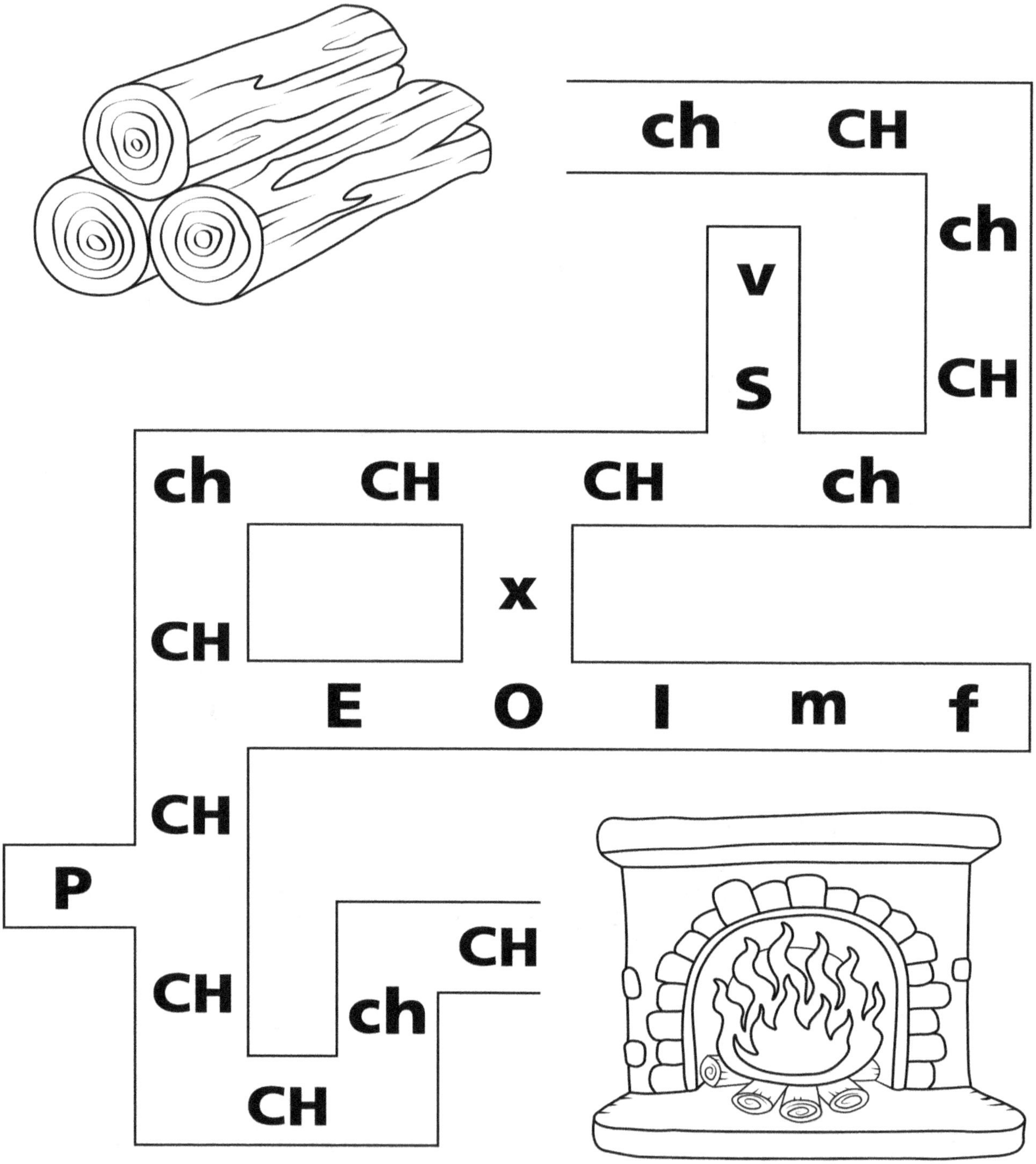

Nombre:_____

Traza las letras.

CH

mayúscula

Ahora, practique escribiendo la letra **CH** por su cuenta.

Nombre:_____

Traza las letras.

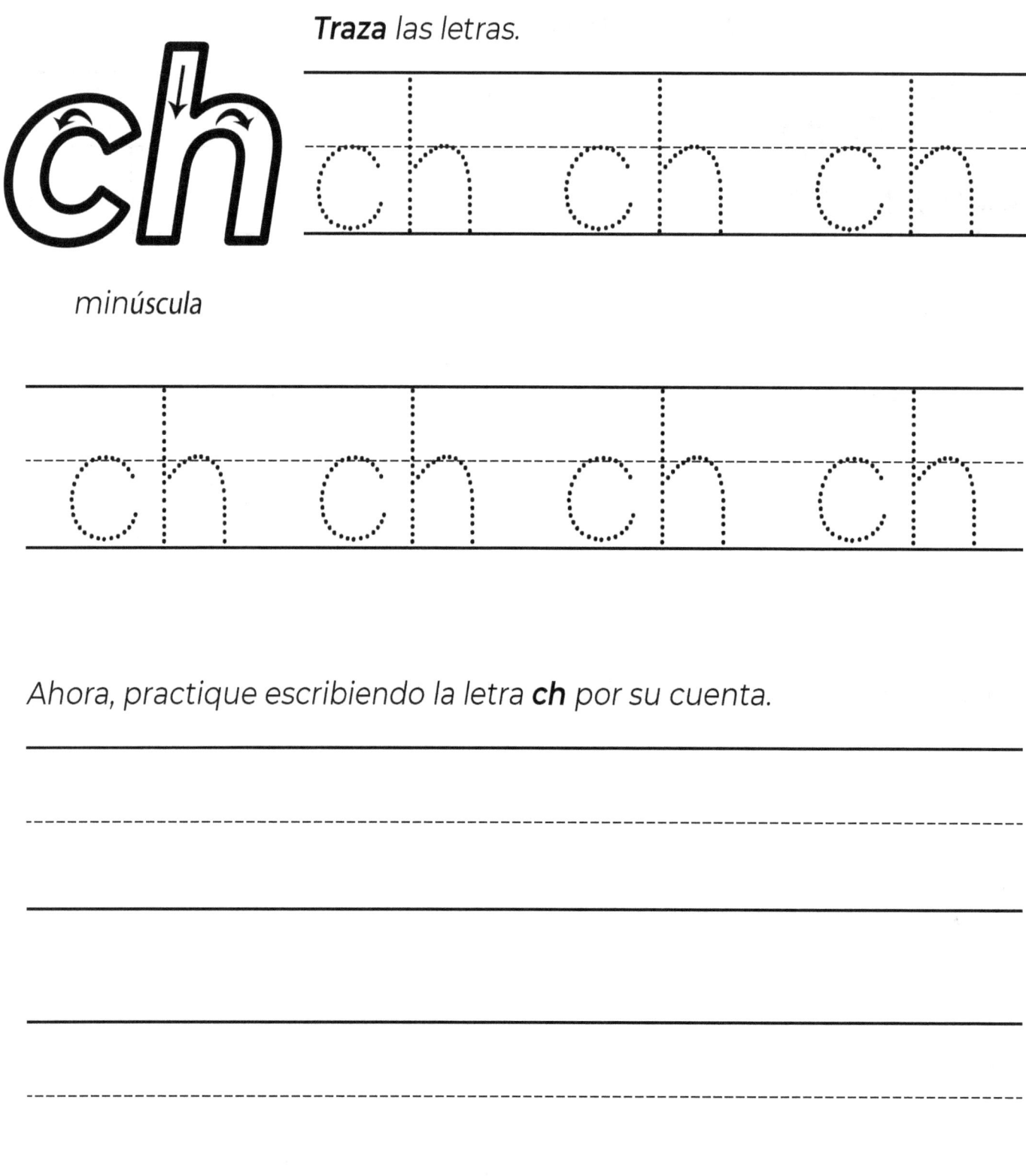

minúscula

Ahora, practique escribiendo la letra **ch** por su cuenta.

Denver International SchoolHouse

Nombre:_____

Traza.

Encuentra.

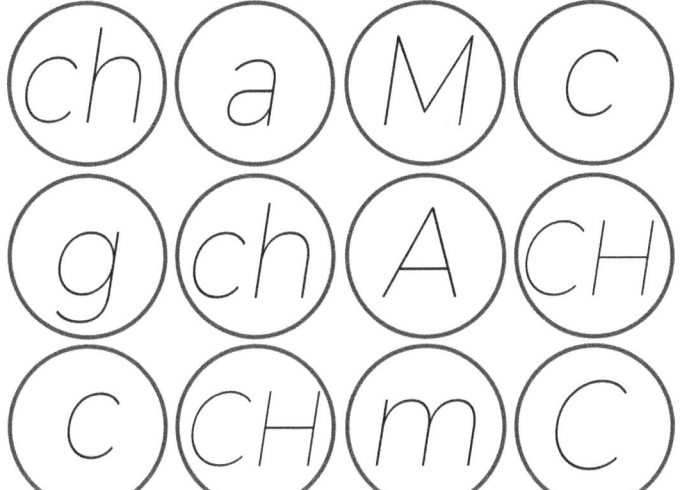

Escribe.

CH			

ch			

CH	ch

Corta y Pega.

| CH | ch | ch | CH | CH | CH | ch | ch |

Sonido inicial CH ch

Colorea los Chocolates.

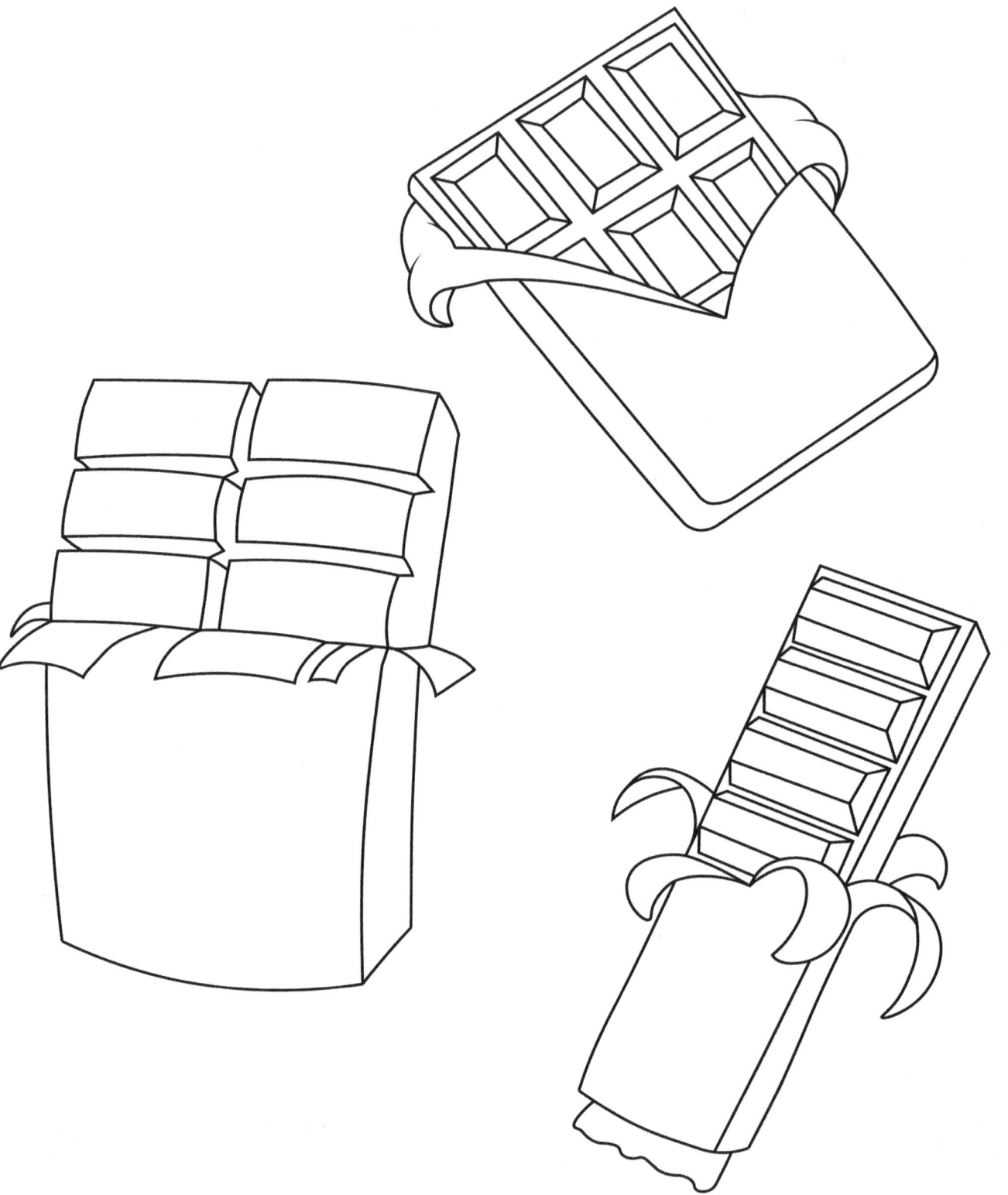

Nombre:____________________

D d

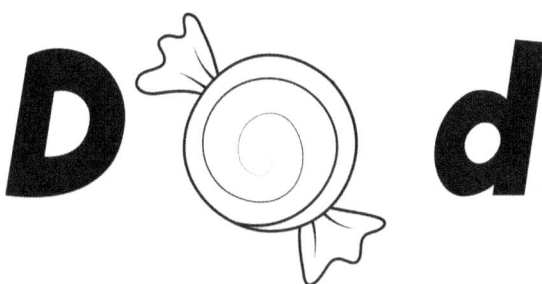

*Colorea las letras **D** y **d**.*

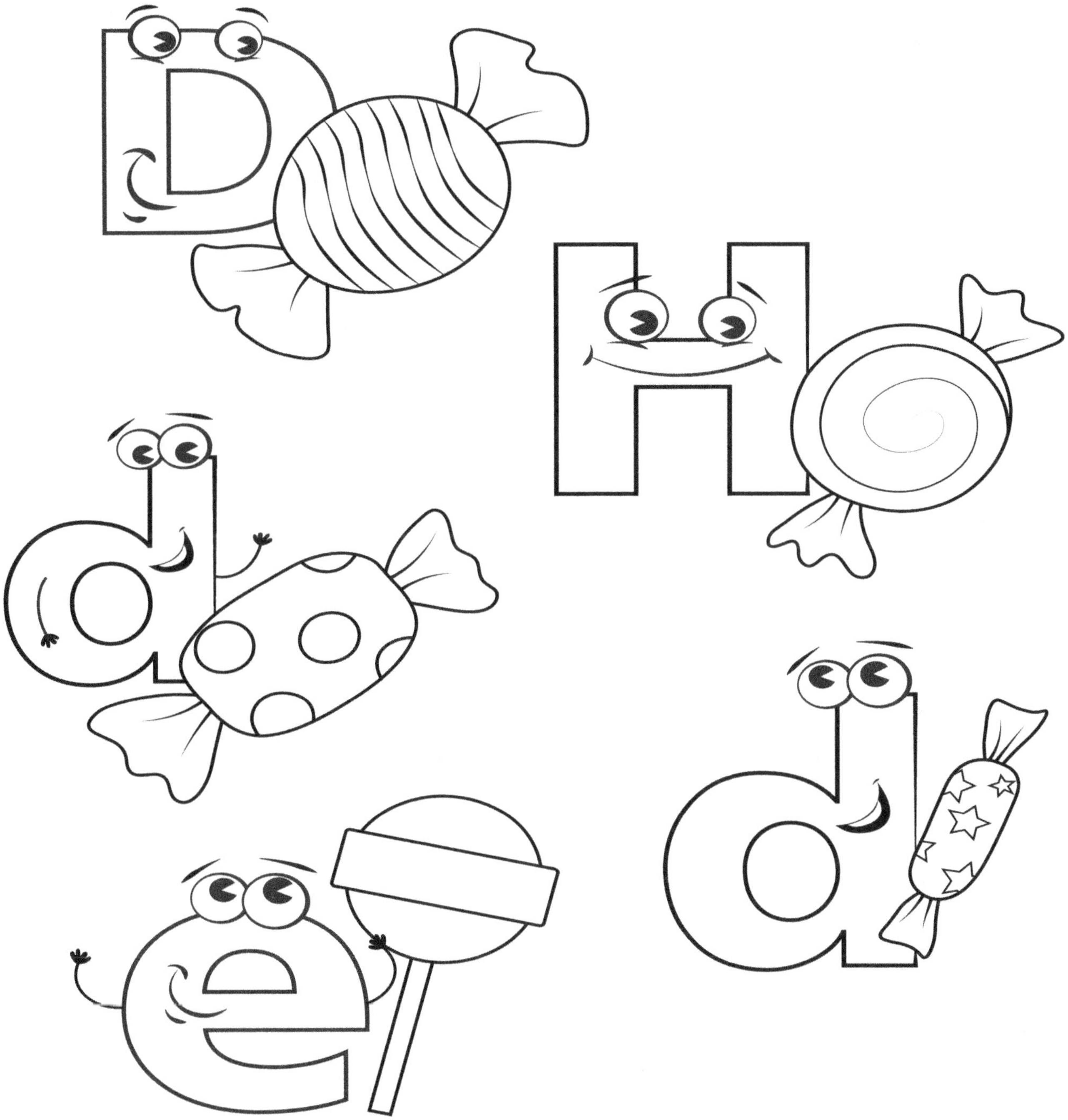

Nombre:_____

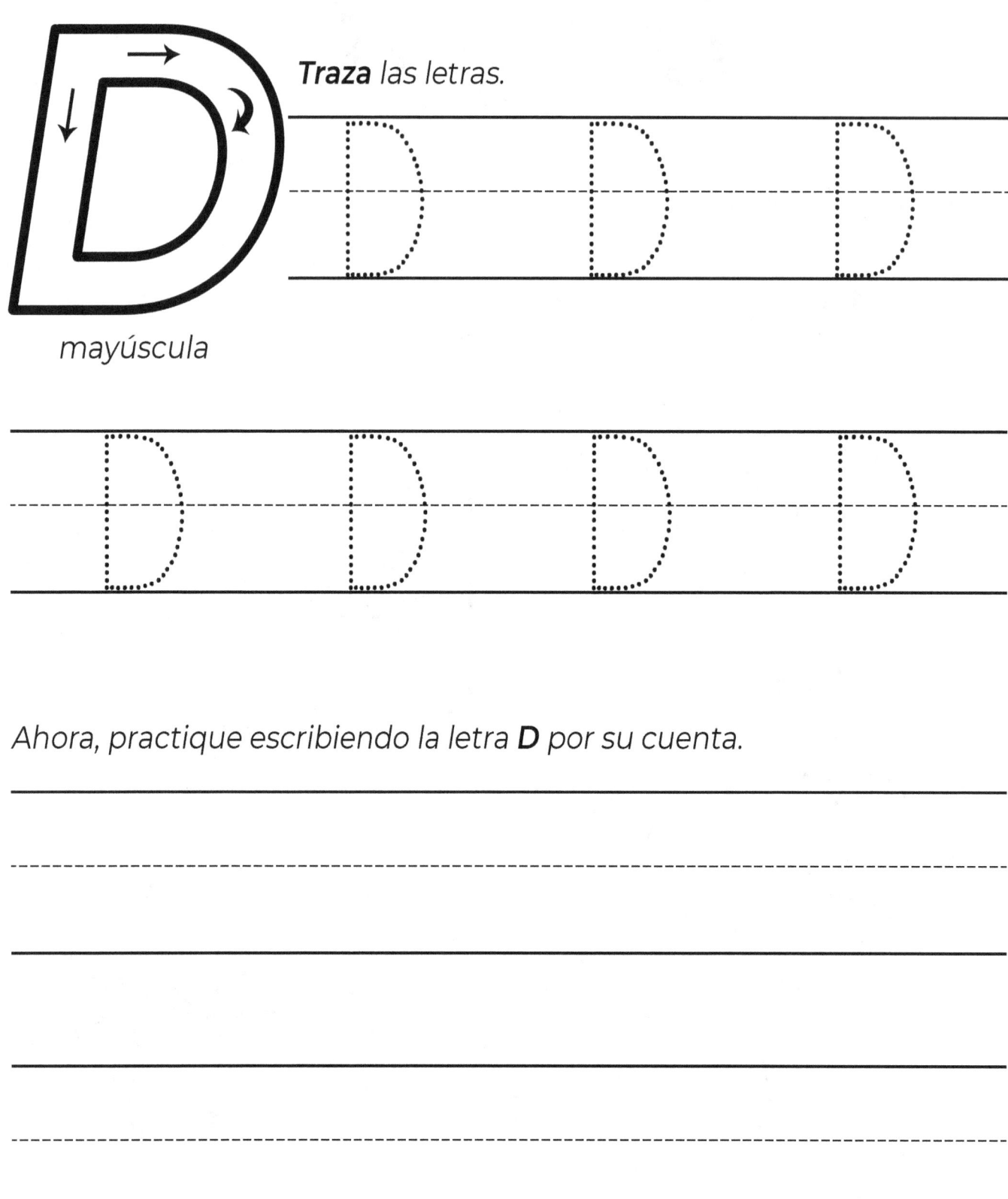

Traza las letras.

mayúscula

Ahora, practique escribiendo la letra **D** por su cuenta.

Nombre:_____

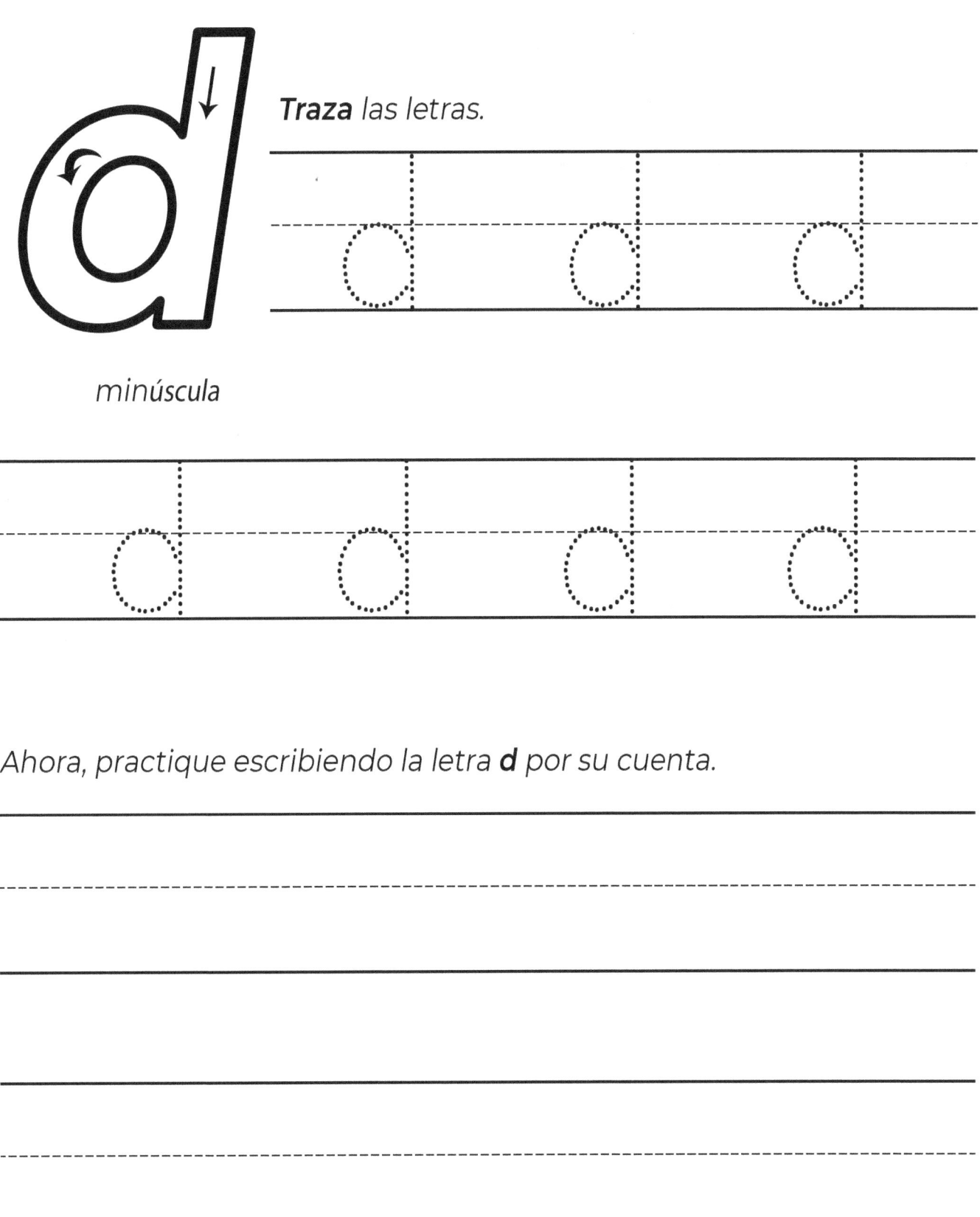

Traza las letras.

minúscula

Ahora, practique escribiendo la letra **d** por su cuenta.

Nombre:_____

Traza.

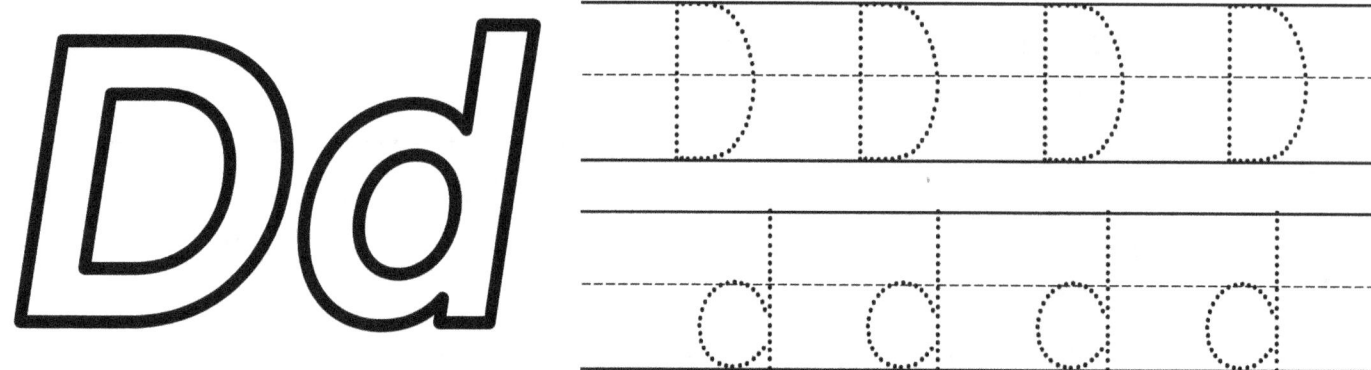

Encuentra.

Escribe.

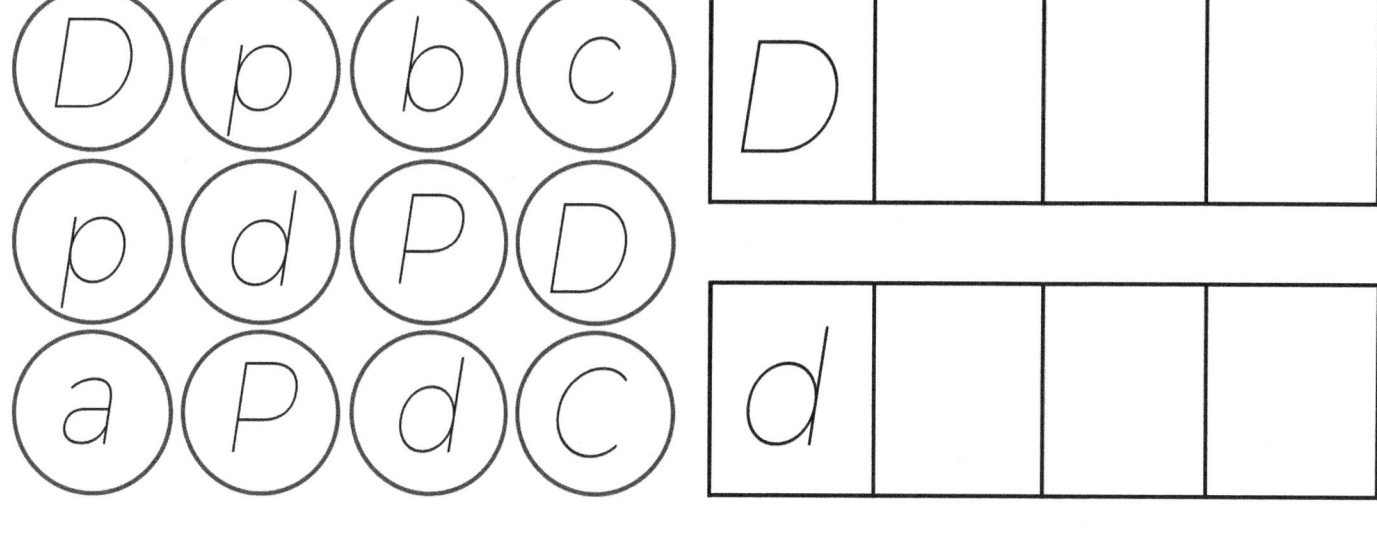

Corta y Pega.

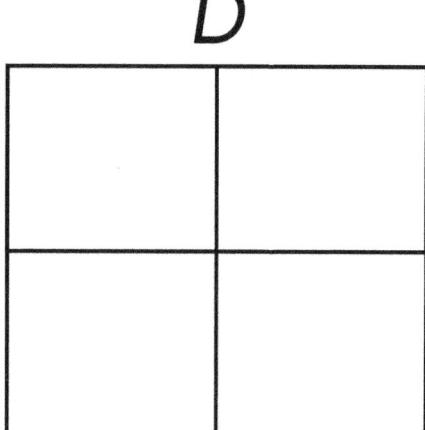

| D | D | D | D | d | d | d | d |

Nombre:_____

Sonido inicial Dd

Colorea el Delfín.

Nombre:_____

K k

Sigue las letras K y k para dibujar el camino del Kétchup al perro caliente.

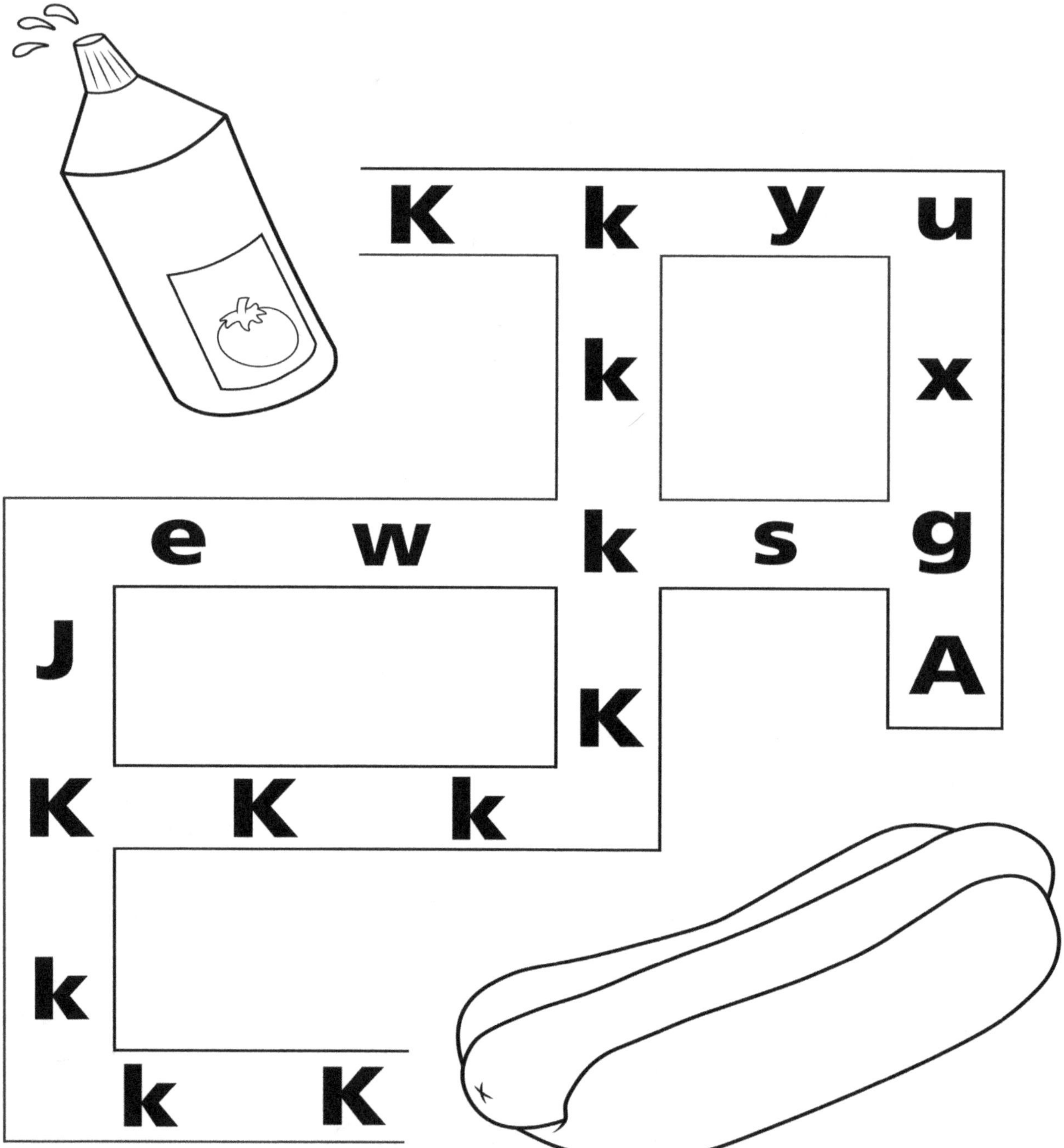

Nombre:_____

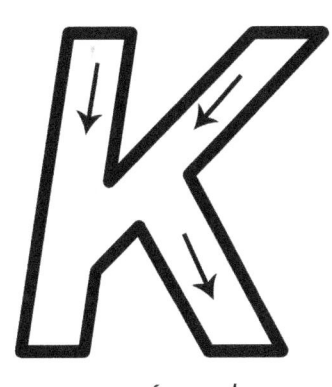
mayúscula

Traza *las letras.*

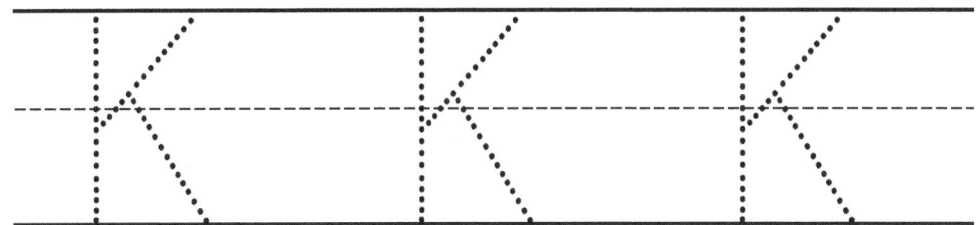

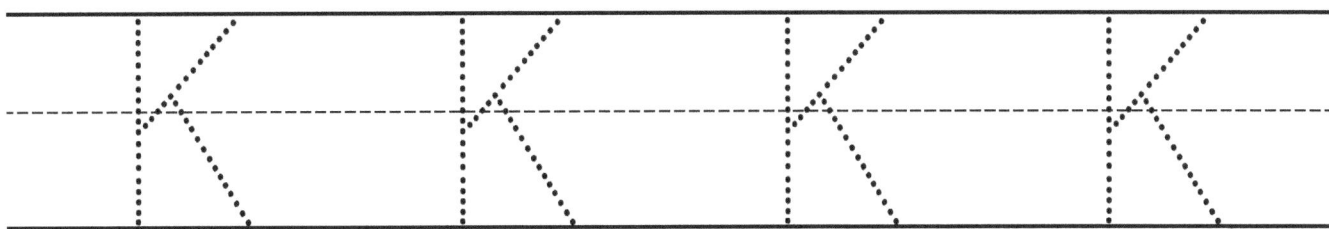

Ahora, practique escribiendo la letra **K** por su cuenta.

Nombre:_____

Traza las letras.

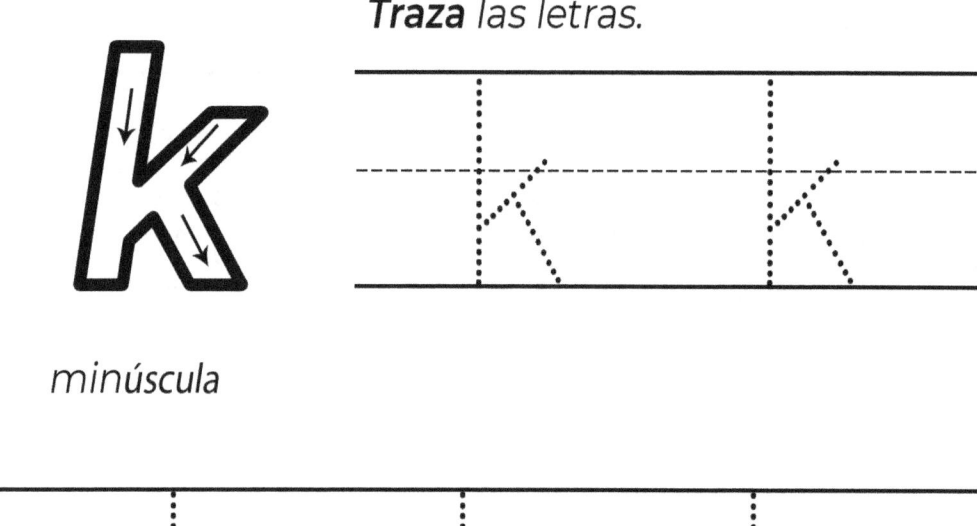

minúscula

Ahora, practique escribiendo la letra **k** por su cuenta.

Nombre:_____

Traza.

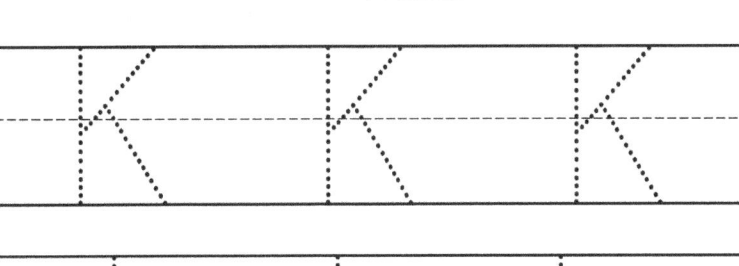

Encuentra.   Escribe.

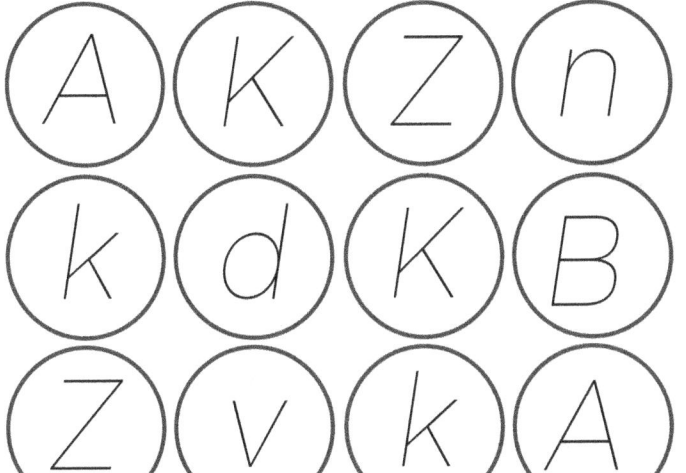
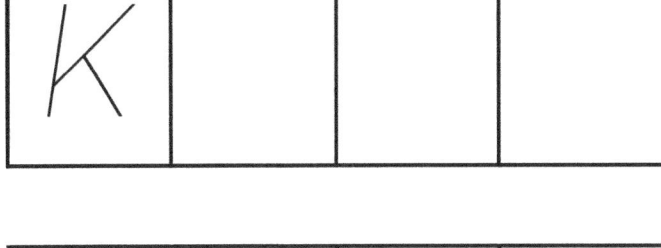
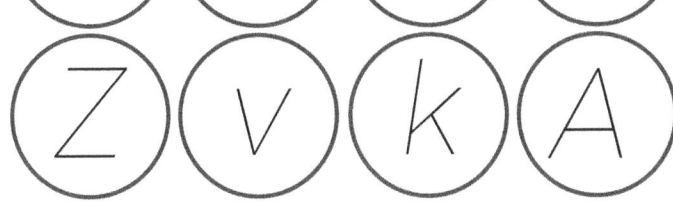
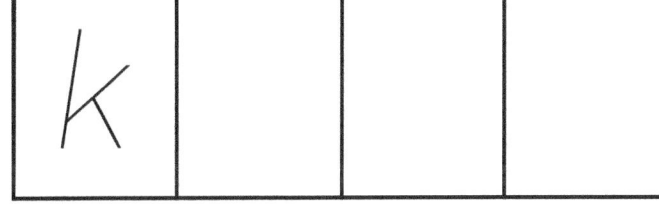

Corta y Pega.

K   K   K   K   k   k   k   k

Nombre:_____

Sonido inicial Kk

Colorea el Koala.

Nombre:_____

Ñ  ñ

Circula las Piñas que contengas las letras Ñ y ñ.

Nombre:_____

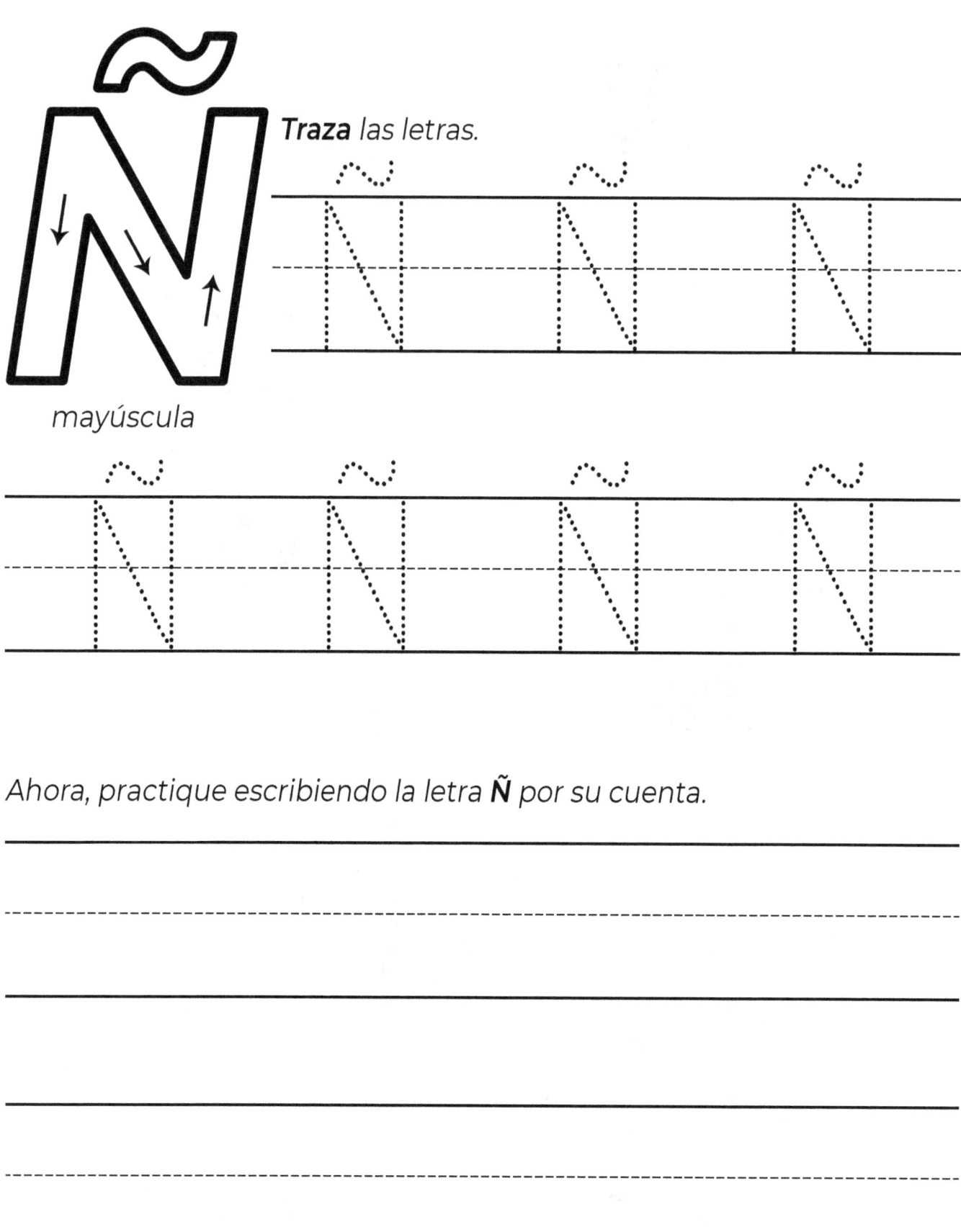

Traza las letras.

mayúscula

Ahora, practique escribiendo la letra **Ñ** por su cuenta.

Denver International SchoolHouse

Nombre:_____

Traza las letras.

minúscula

Ahora, practique escribiendo la letra **ñ** por su cuenta.

Nombre:_____

Traza.

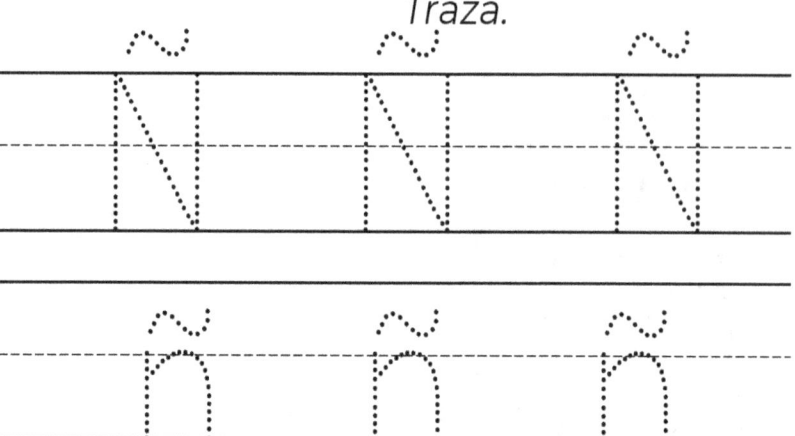

Encuentra.

Escribe.

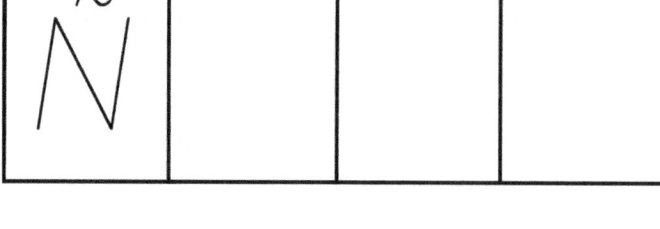

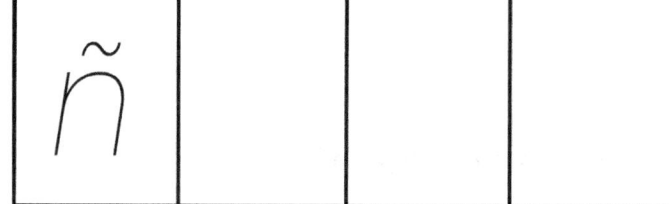

Corta y Pega.

Ñ   ñ

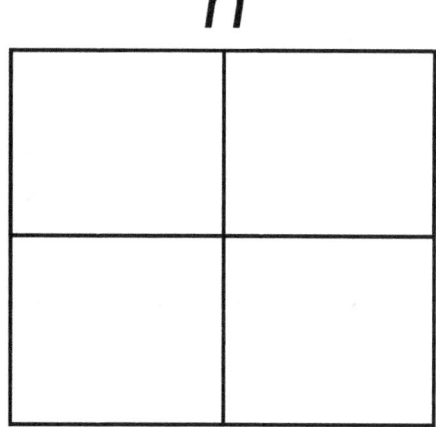

| ñ | ñ | ñ | ñ | Ñ | Ñ | Ñ | Ñ |

Denver International SchoolHouse

Nombre:_____

Sonido inicial Ññ

Colorea el Ñandú.

Nombre:_____

E 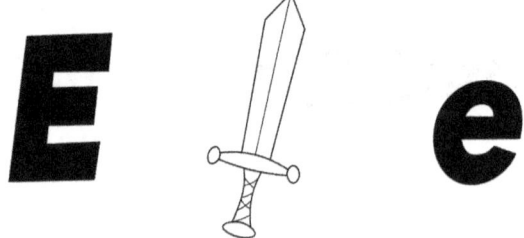 e

Sigue las letras E y e para dibujar el camino hacia la espada.

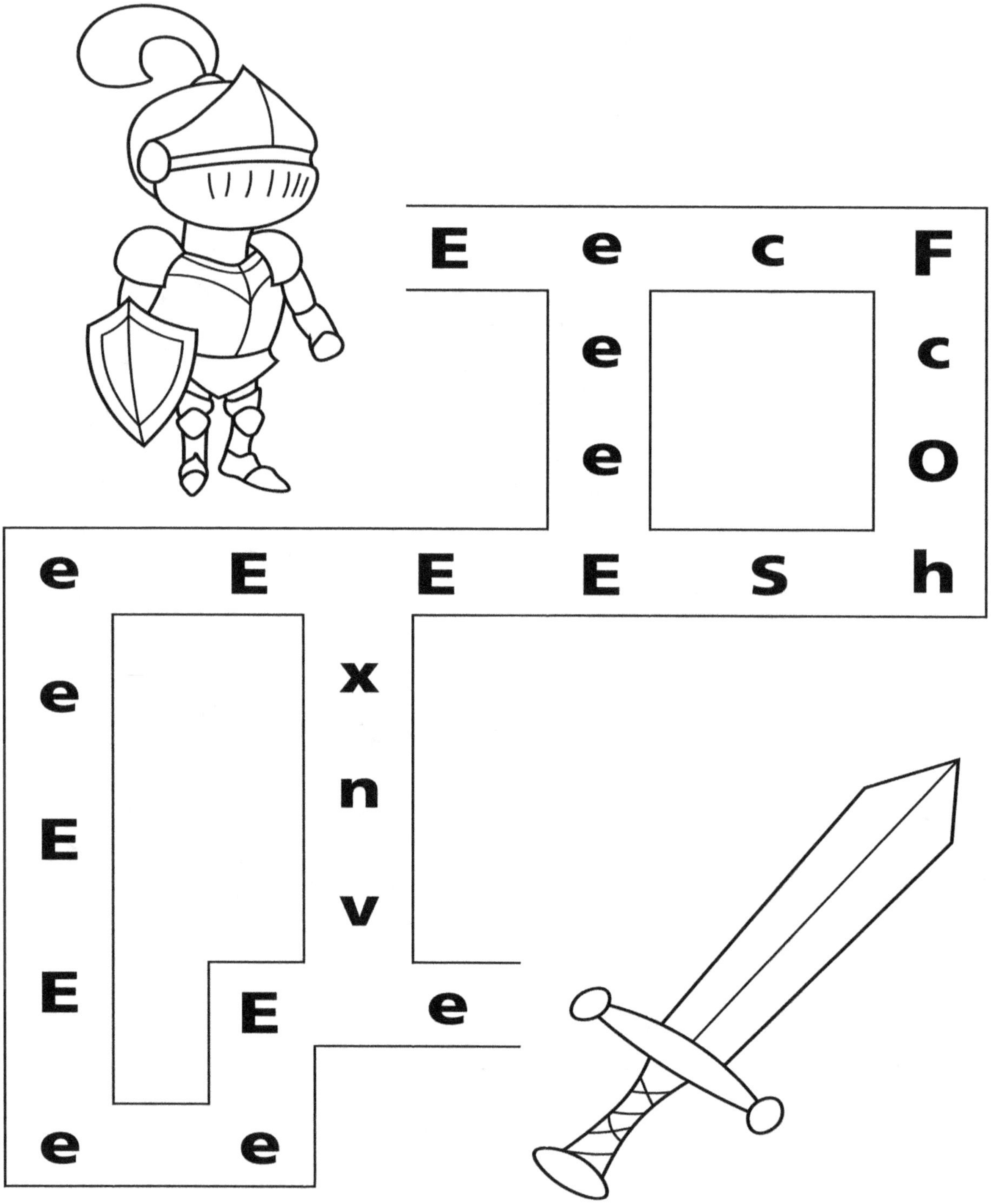

Nombre:_____

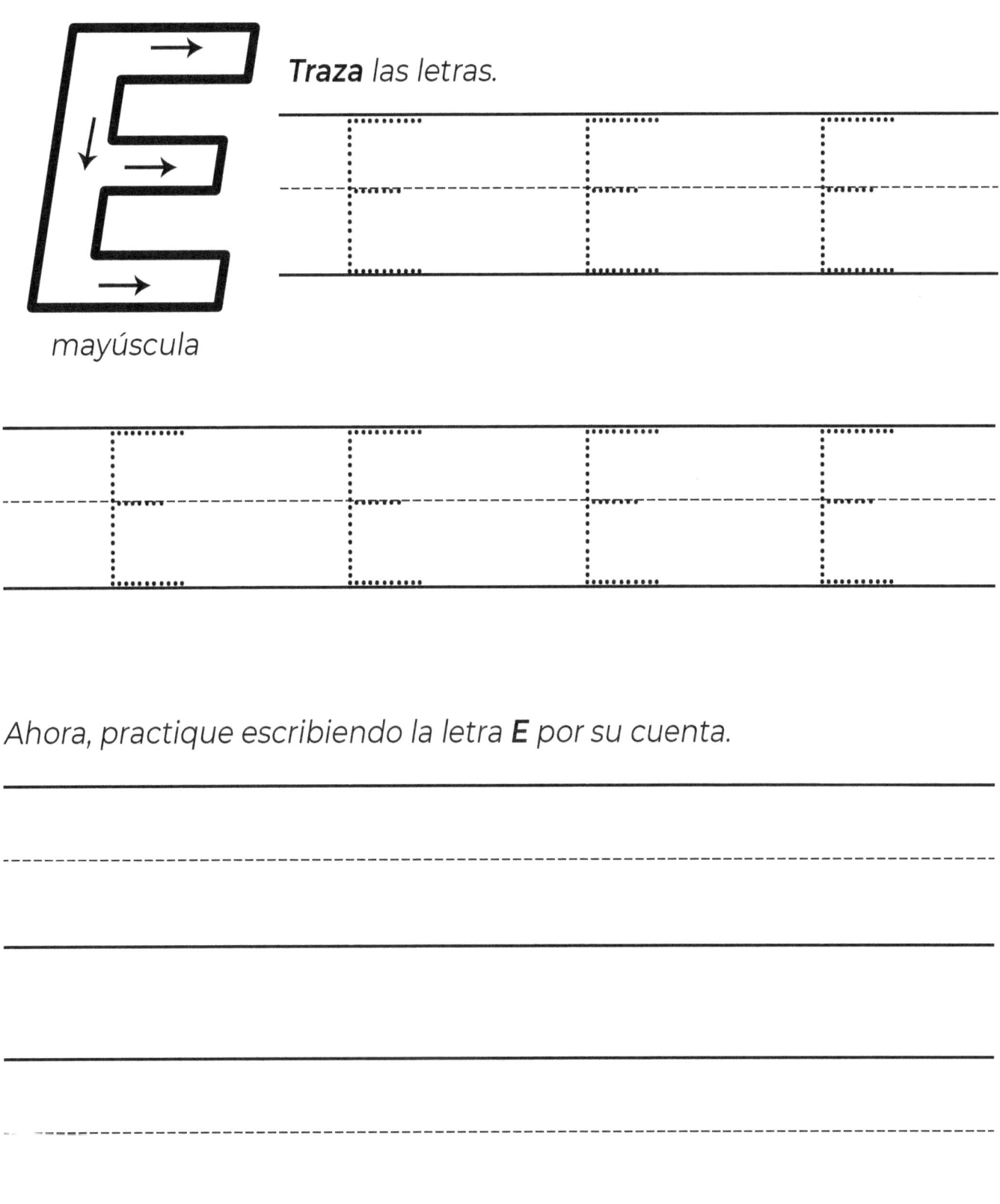

Traza las letras.

mayúscula

Ahora, practique escribiendo la letra **E** por su cuenta.

Nombre:_____

Traza las letras.

minúscula

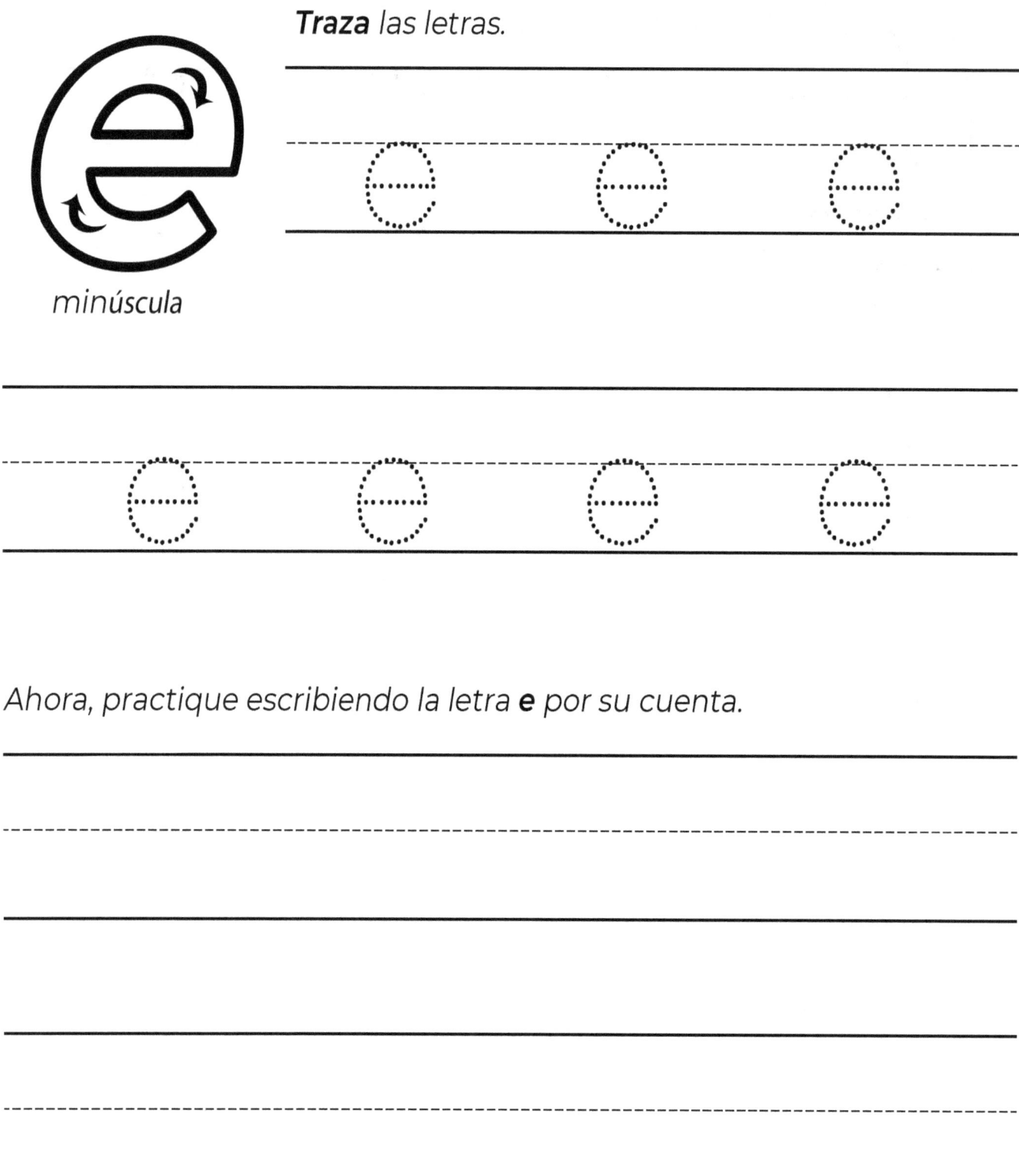

Ahora, practique escribiendo la letra **e** por su cuenta.

Denver International SchoolHouse

Nombre:_____

Traza.

Encuentra.

Escribe.

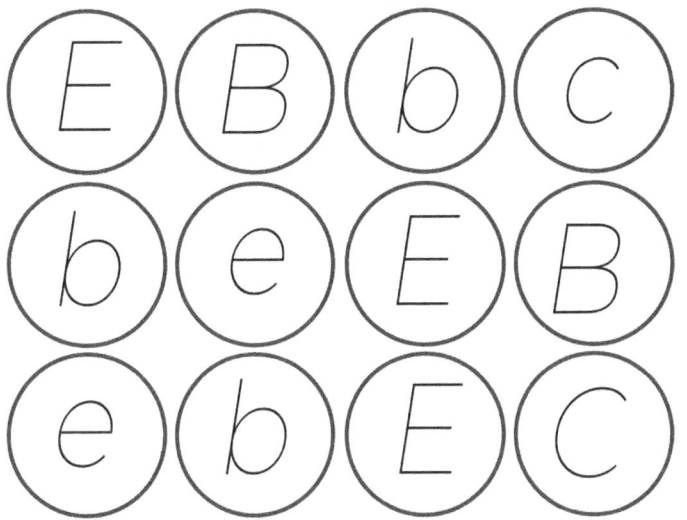

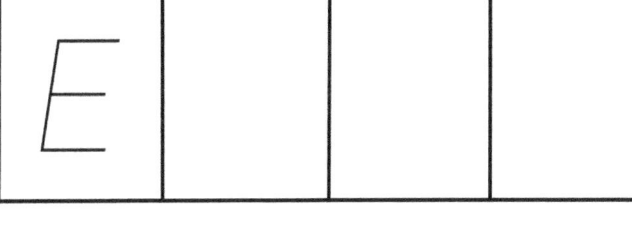

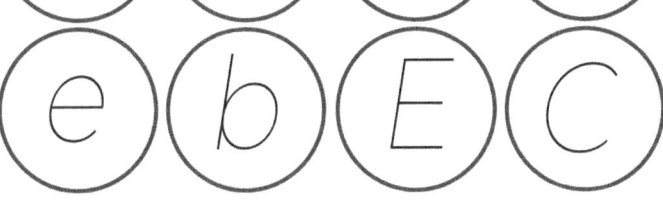

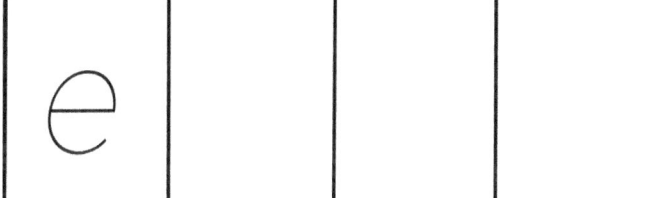

Corta y Pega.

| E | E | e | e | E | E | e | e |

Nombre:_____

Sonido inicial Ee

Colorea el Elefante.

Nombre:_____

I i

Colorea las letras I e i.

Nombre:_____

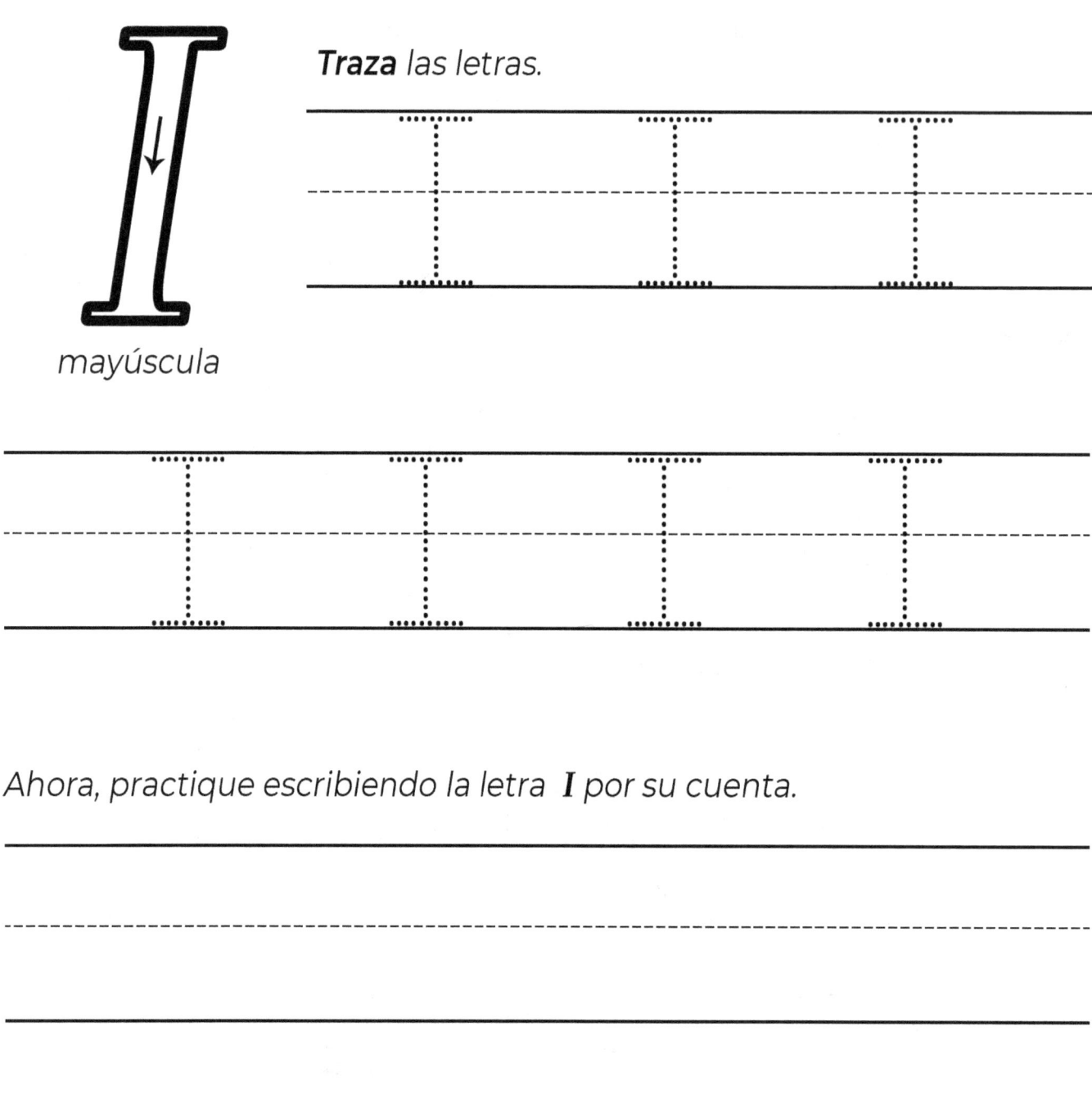

mayúscula

Traza las letras.

Ahora, practique escribiendo la letra *I* por su cuenta.

Nombre:_____

Traza las letras.

minúscula

Ahora, practique escribiendo la letra *i* por su cuenta.

Nombre:_____

Traza.

Encuentra.

Escribe.

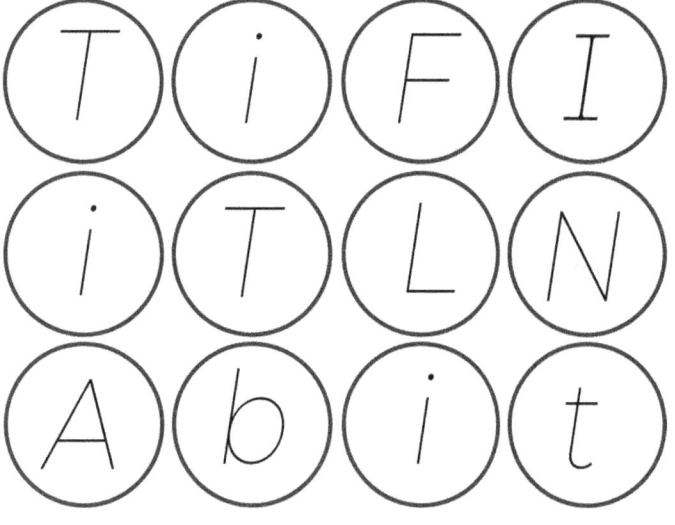

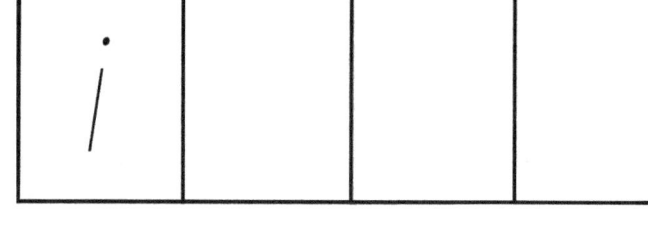

Corta y Pega.

| I | I | I | I | i | i | i | i |

Nombre:_____

Sonido inicial Ii

Colorea la Iguana.

Nombre:_____

Ll  ll

Sigue las letras Ll y ll para dibujar el camino de la Llave al candado.

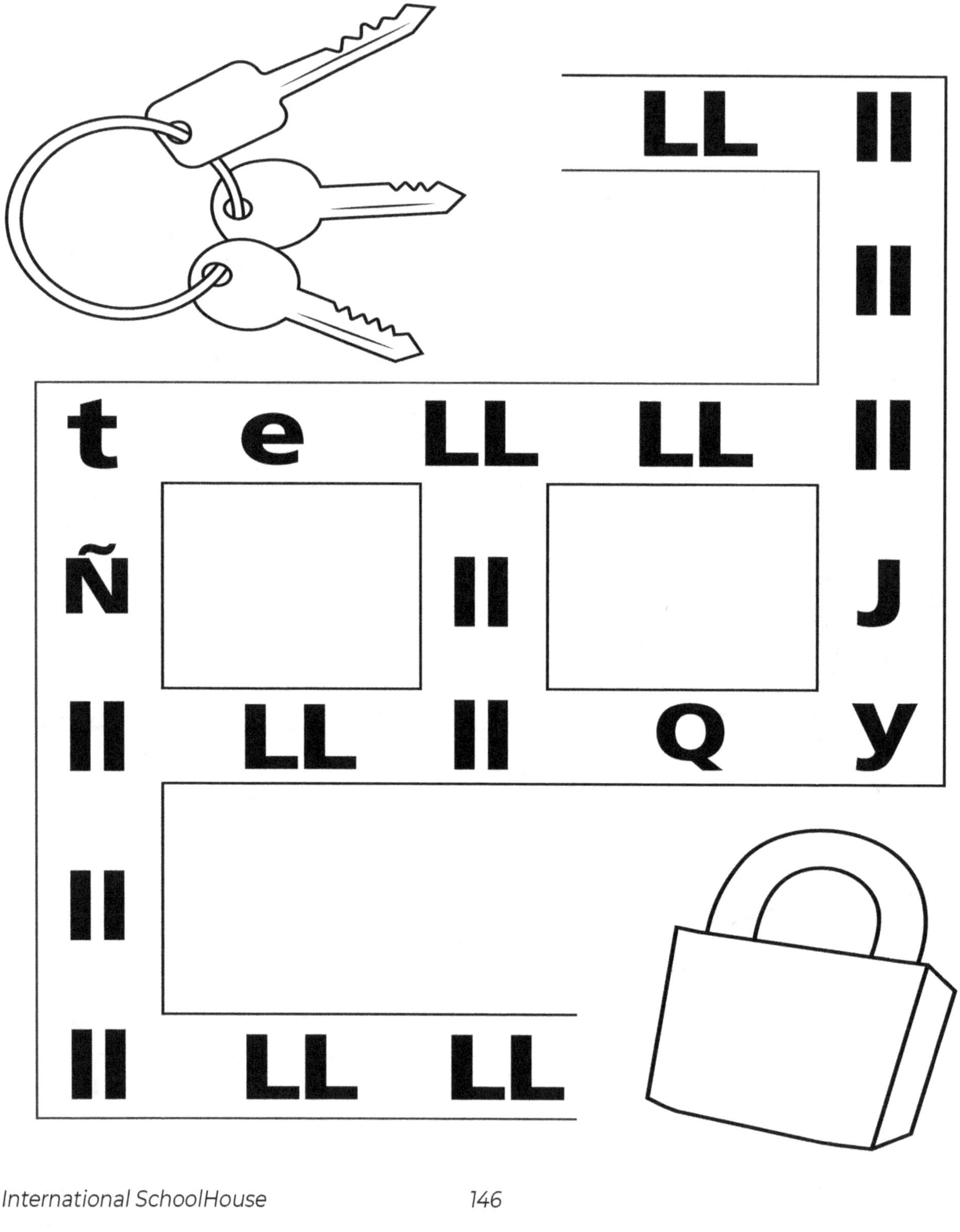

Nombre:_____

Traza las letras.

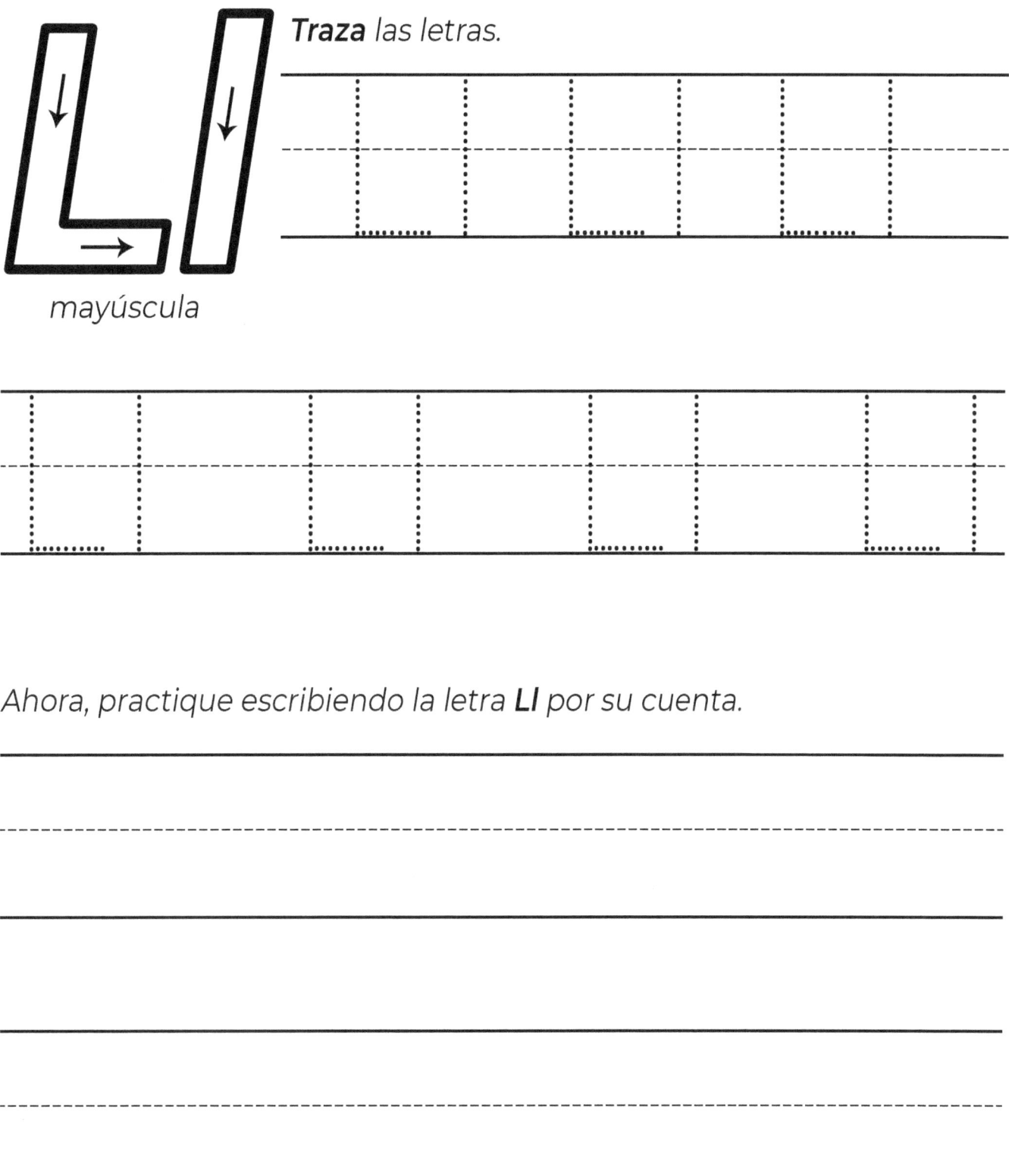

mayúscula

Ahora, practique escribiendo la letra **Ll** por su cuenta.

Nombre:_____

Traza las letras.

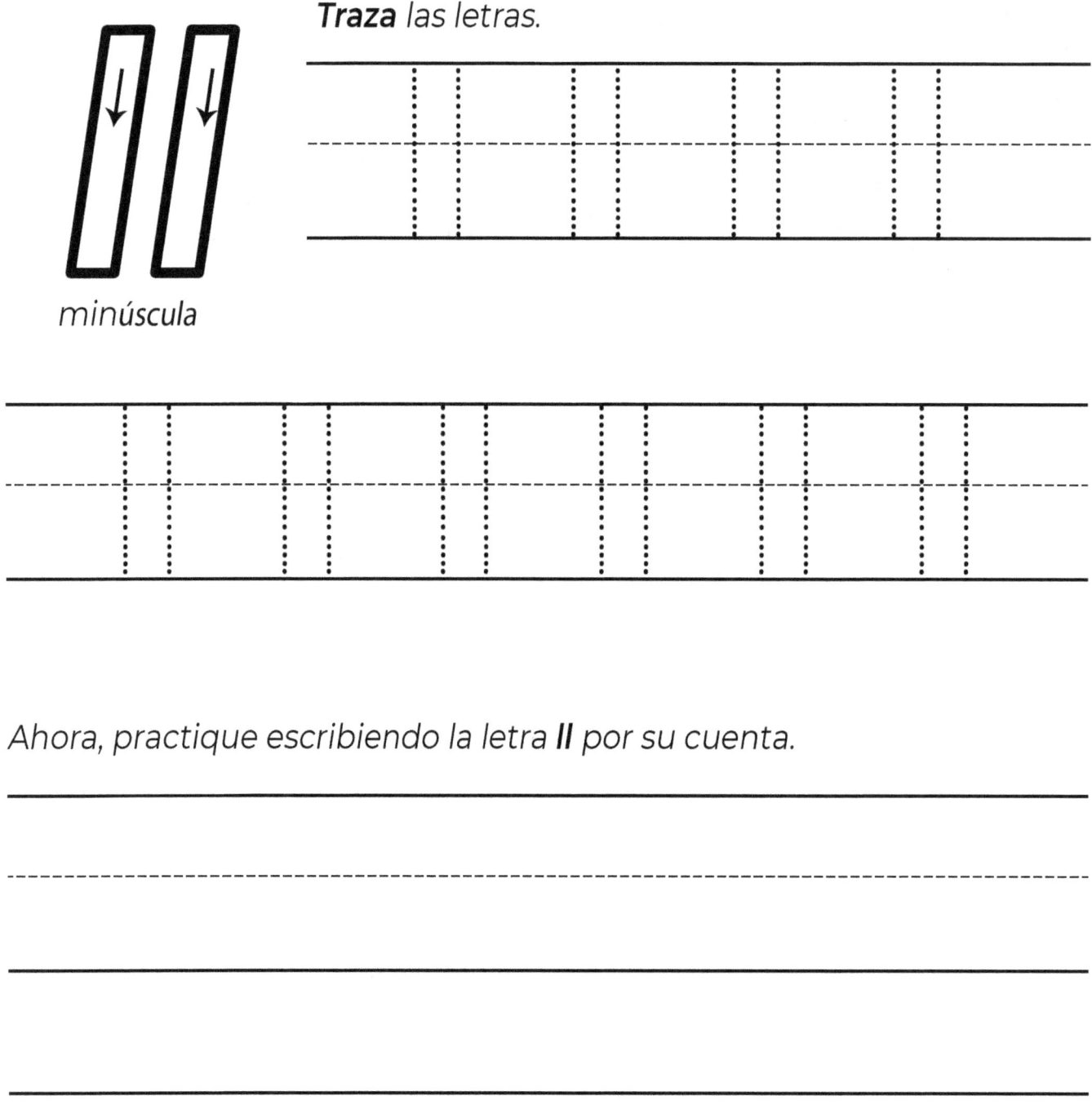

minúscula

Ahora, practique escribiendo la letra **ll** por su cuenta.

Nombre:_____

Ll ll

Traza.

Encuentra.

T Ll F ll
S T Ll N
A b ll t

Escribe.

Ll

ll

Ll   ll

Corta y Pega.

| LL | ll | ll | LL | LL | LL | ll | ll |

149 Denver International SchoolHouse

Nombre:_____

Sonido inicial Ll ll

Colorea la Llama.

Nombre:_____

Revisión de letras

Circular las letras de cada fila que coincidan con la primera letra.

X	x	J	B	n
ñ	u	ñ	n	Q
D	d	R	D	o
u	a	u	c	M
L	t	j	L	Ll
p	O	f	H	p
Q	K	Q	ñ	q
t	w	G	t	s

Revisión de letras

Circular las letras de cada fila que coincidan con la primera letra.

A	b	M	A	e
d	d	D	n	f
F	a	F	f	c
c	c	W	c	j
N	d	N	n	ñ
B	O	g	B	x
r	u	r	F	r
G	G	i	g	n

Nombre:_____

Revisión de letras

Escribe la letra del alfabeto que falta.

Revisión de letras

¿Cuál es el sonido inicial?

  t  v     x  s

  c  u    r  n

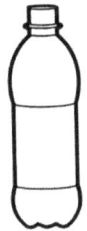  b  z     j  w

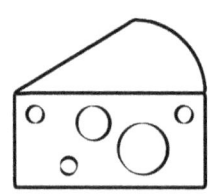  y  q     f  a

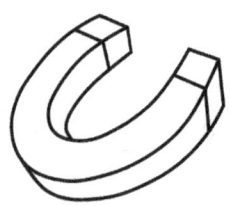  i  g     t  o

*Nombre:*_____

Revisión de letras

¿Cuál es el sonido inicial?

  ñ
 h
 h
 j

  o
 ch
 p
 z

 L
 S
 rr
 q

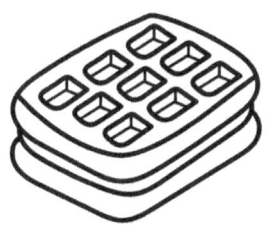 w
 a
 m
 p

 c
 g
 t
 d

Denver International SchoolHouse

Revisión de letras

Nombre:_____

¿Cuál es el sonido inicial?

  ñ
 h

 h
 j

  o
 ch

 p
 z

  L
S

  rr
q

  w
a

  m
p

  c
g

  t
d

Nombre:_____

Revisión de letras

Machea las Letras.

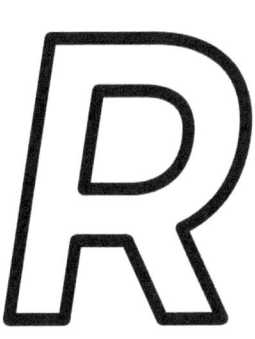    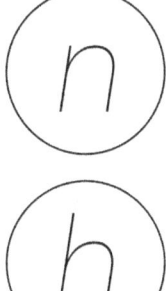

    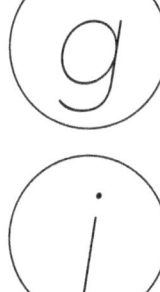

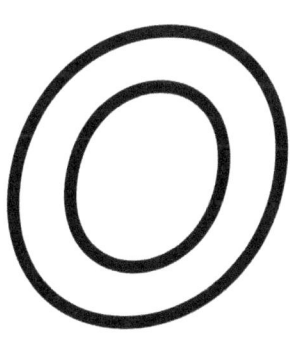  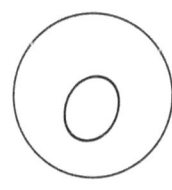 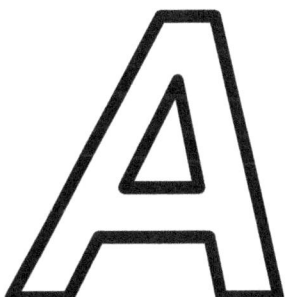

Nombre:_____

Revisión de letras

Machea las Letras.

 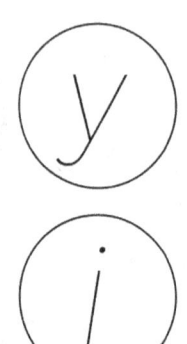 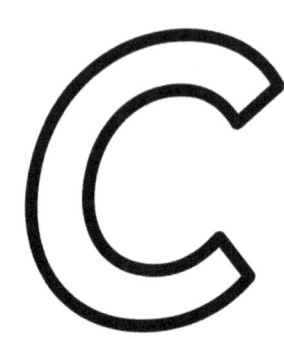 

 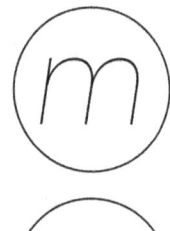   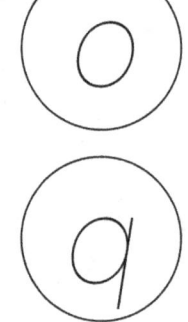

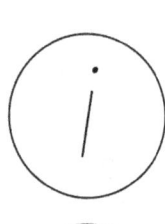    

Nombre:_____

Revisión de letras

Machea las Letras.

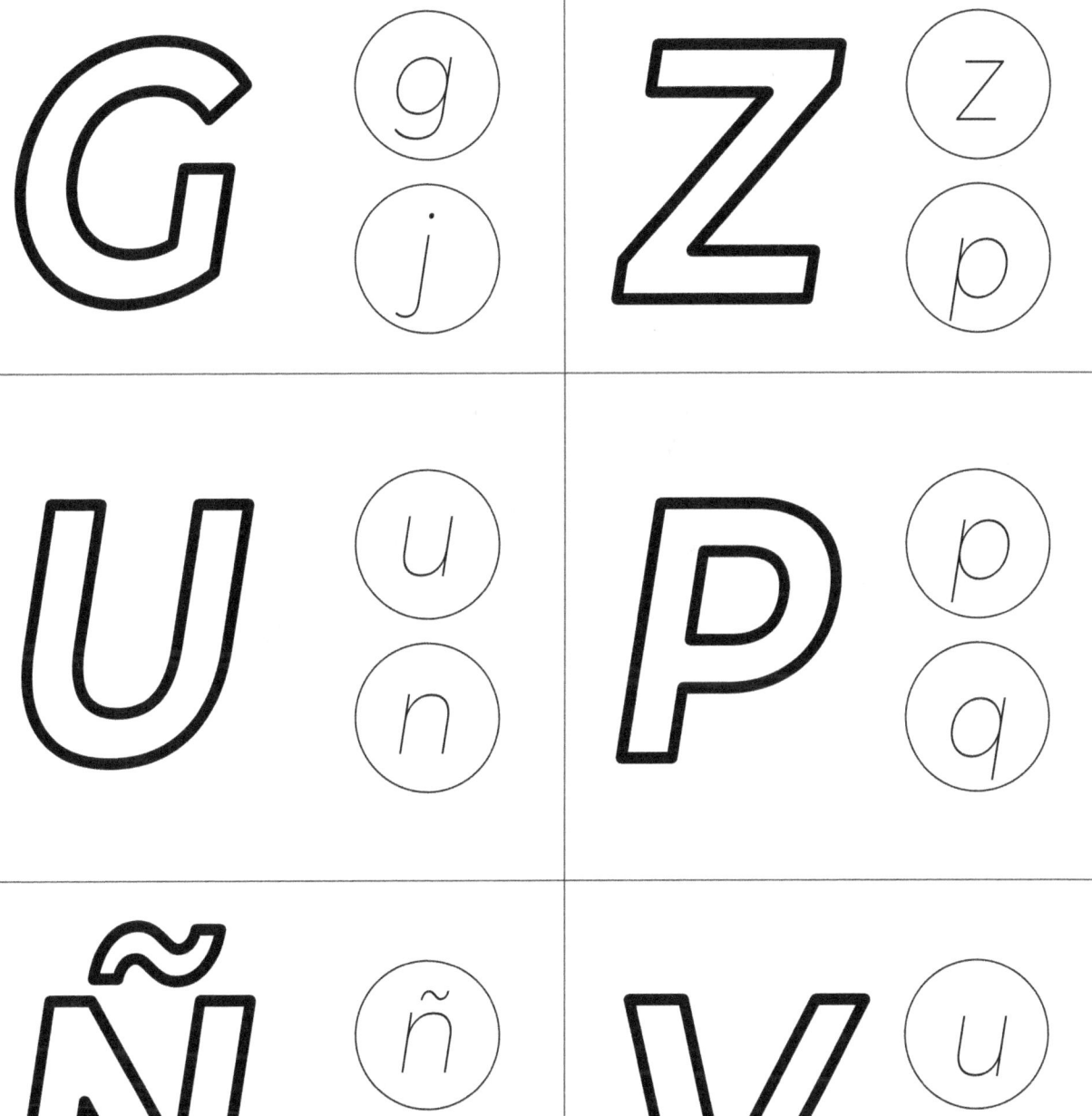

Revisión de letras

Recorta las letras. Pégalos debajo de la letra correspondiente. Colorea las imágenes.

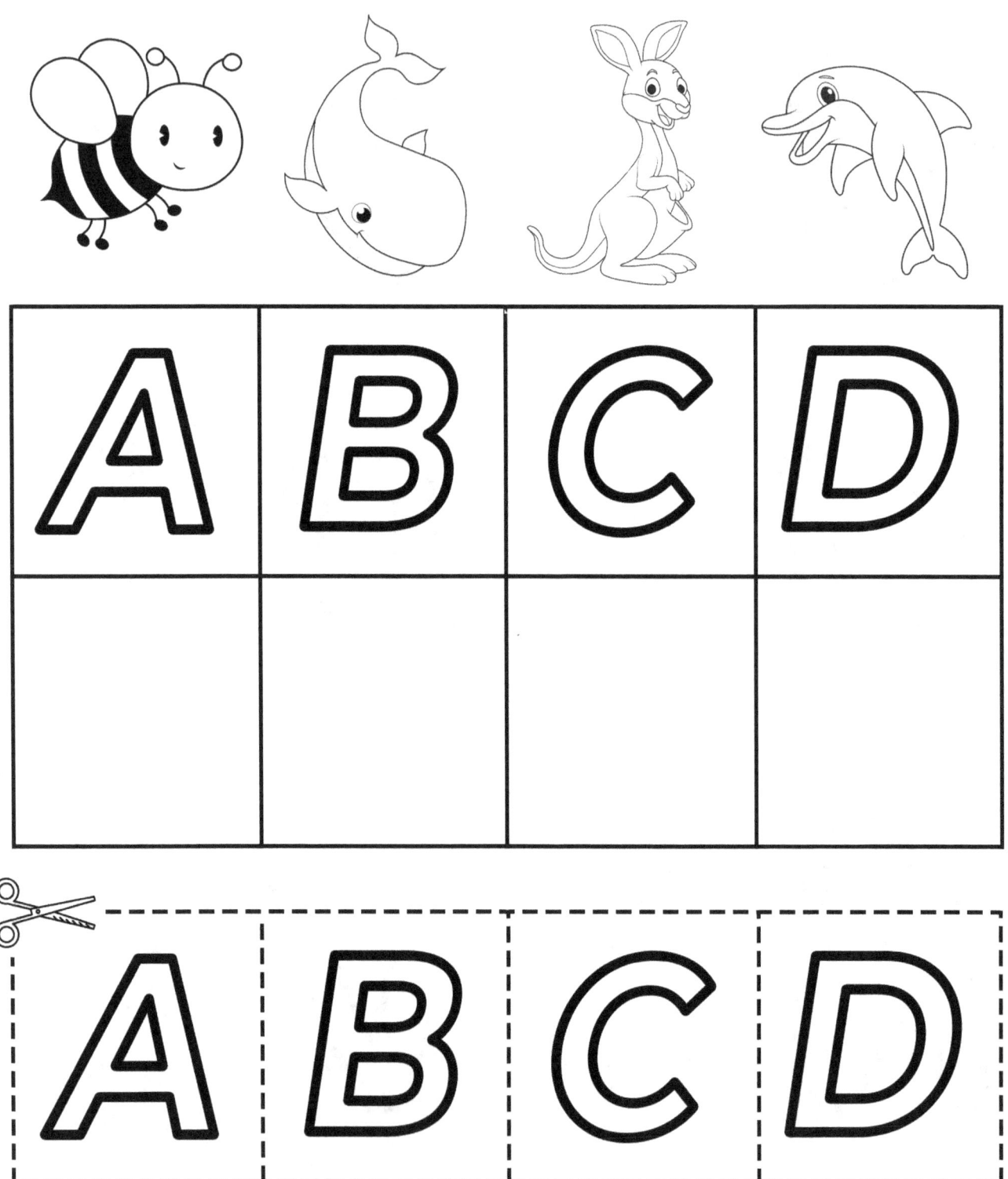

Nombre:_____

Revisión de letras

Recorta las letras. Pégalos debajo de la letra correspondiente:
Colorea las imágenes.

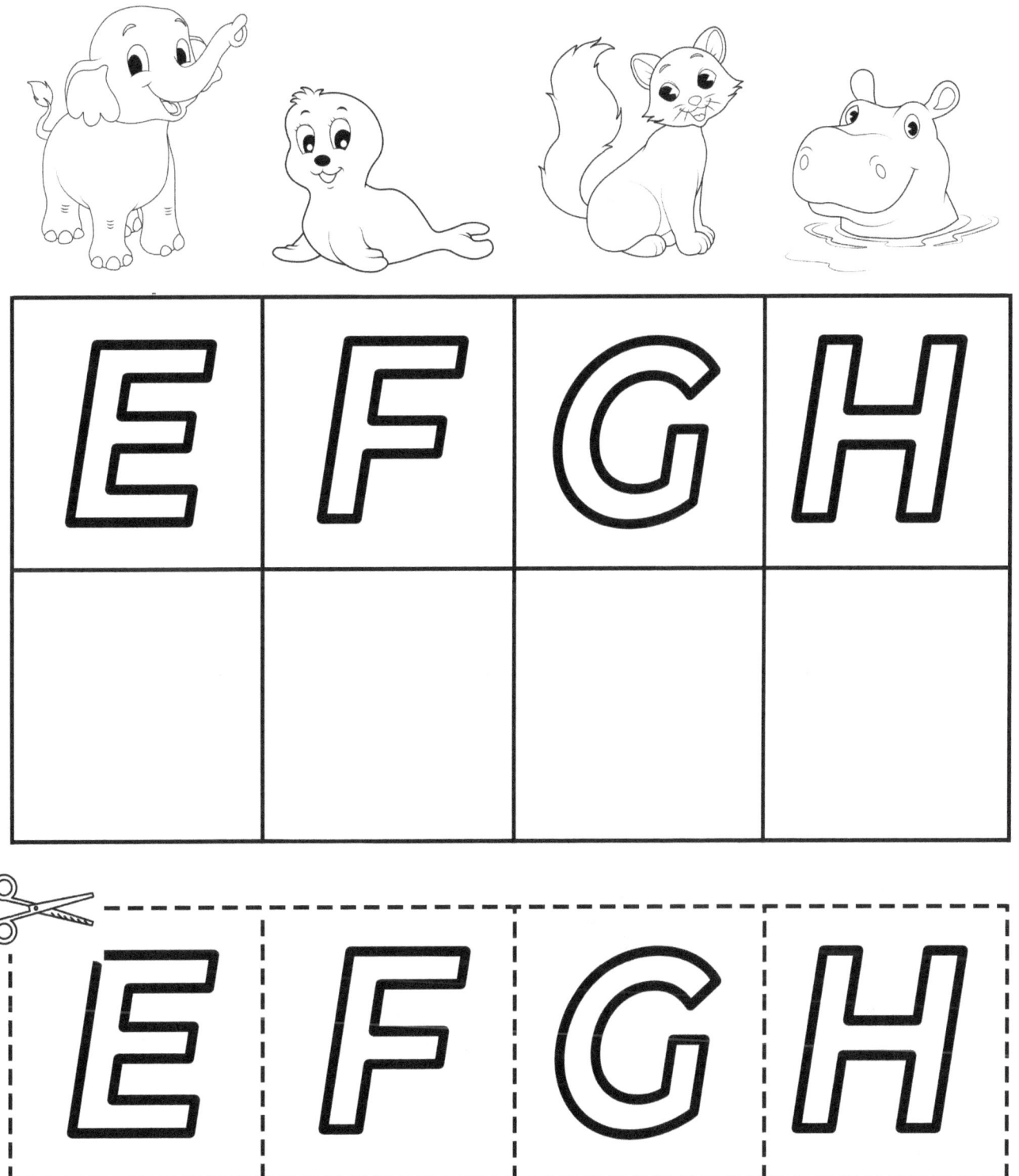

Revisión de letras

*Diga la imagen para encontrar el sonido inicial. Escriba la letra en el cuadro de abajo. Recorta las letras.
Pégalas en la letra correspondiente. Colorea la imagen.*

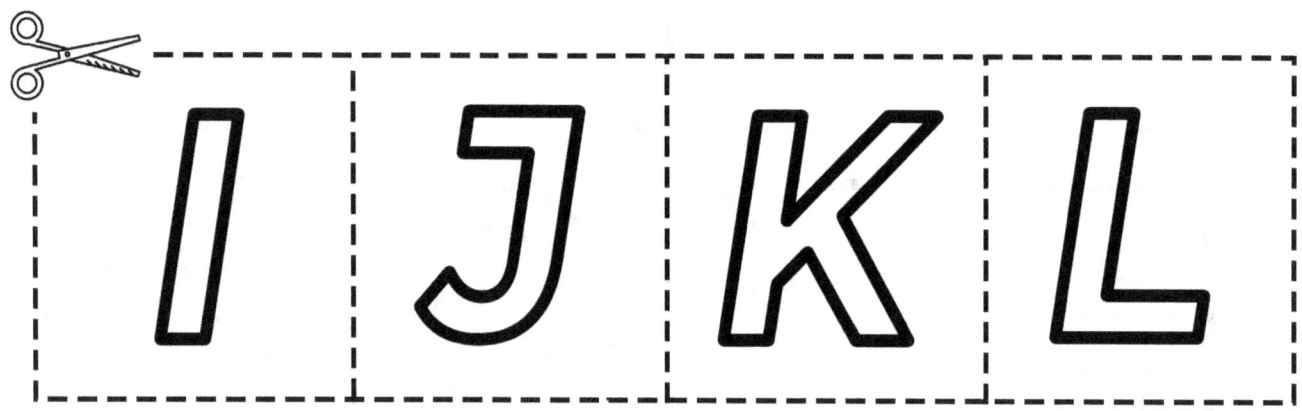

Nombre:_____

Revisión de letras

Diga la imagen para encontrar el sonido inicial. Escriba la letra en el cuadro de abajo. Recorta las letras.
Pégalas en la letra correspondiente. Colorea la imagen.

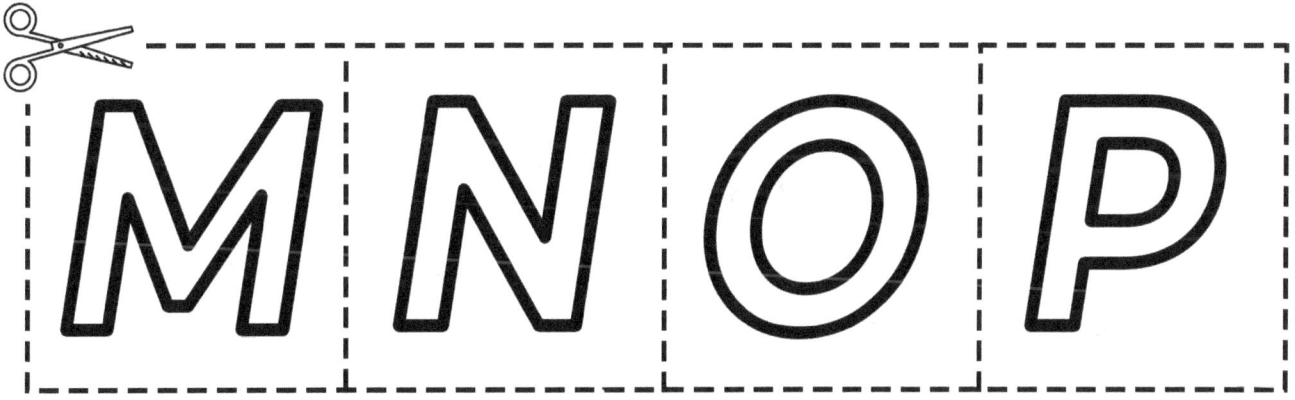

163   Denver International SchoolHouse

Revisión de letras

Diga la imagen para encontrar el sonido inicial. Trace la letra en el cuadro de abajo. Recorta las letras.
Pégalas en la letra correspondiente. Colorea la imagen.

Nombre:_____

Revisión de letras

Diga la imagen para encontrar el sonido inicial. Trace la letra en el cuadro de abajo. Recorta las letras.
Pégalas en la letra correspondiente. Colorea la imagen.

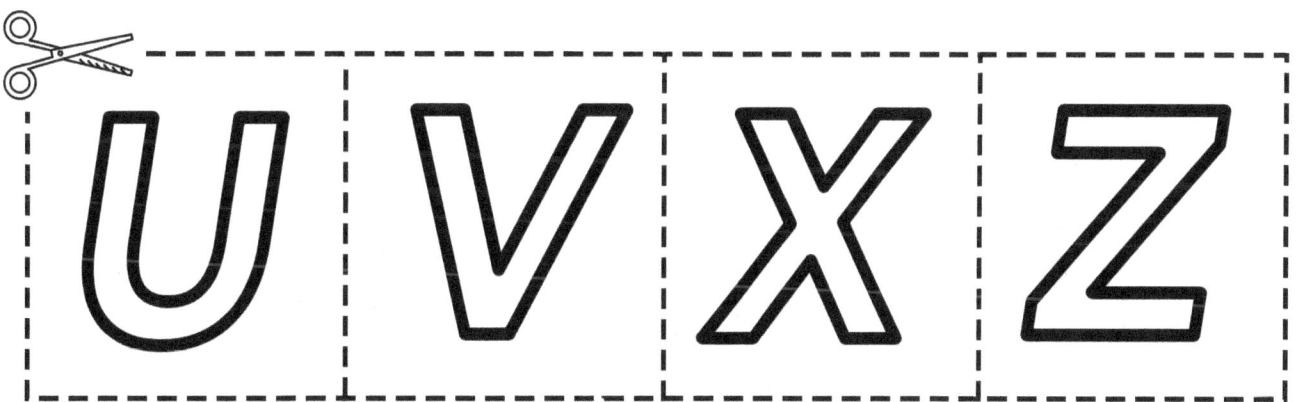

Nombre:_____

Revisión de letras

Dibuja líneas a las que tienen los mismos sonidos iniciales.

Nombre:_____

Revisión de letras

Dibuja líneas a las que tienen los mismos sonidos iniciales.

Revisión de letras

Escribe la letra del alfabeto que falta.

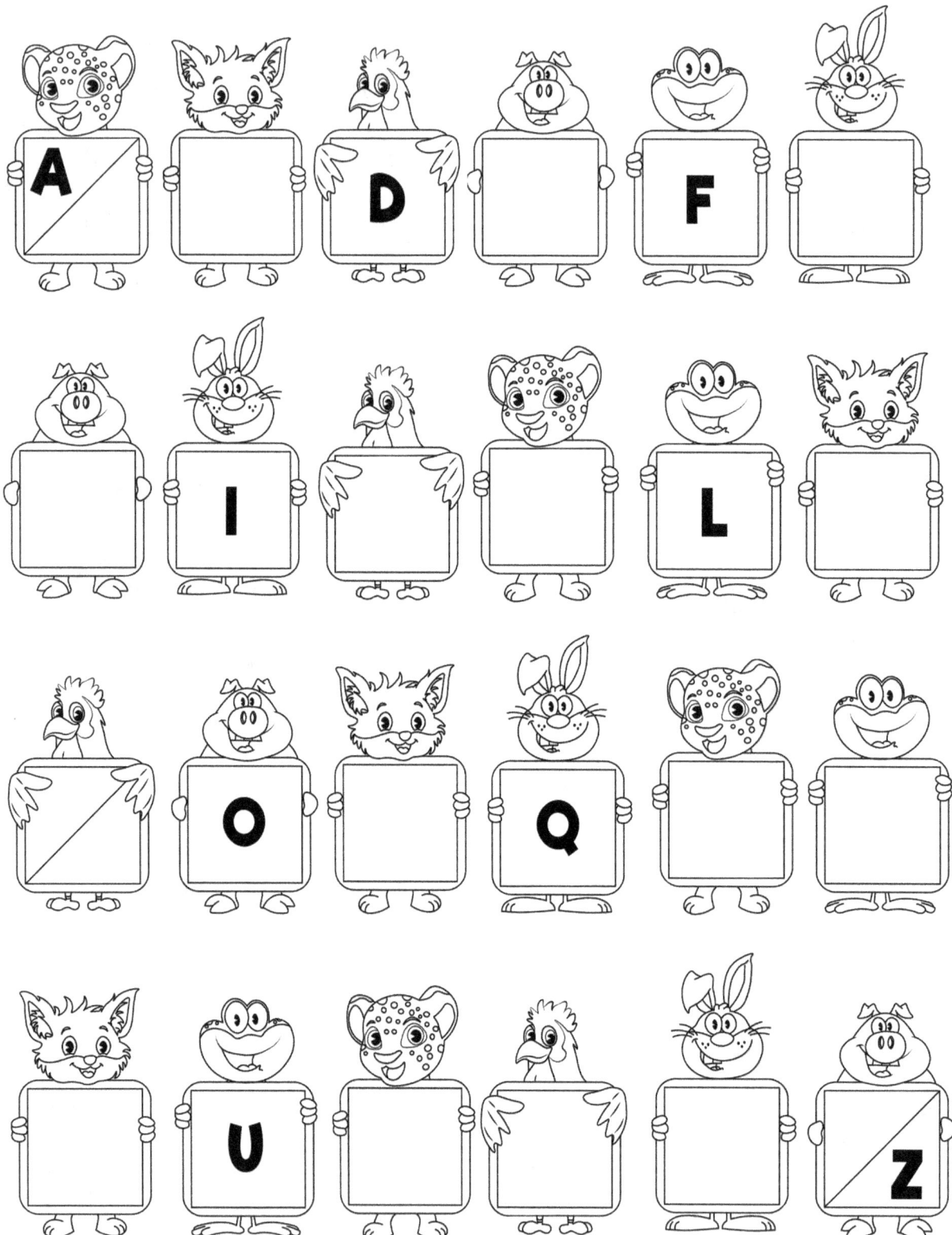

Nombre:_____

Revisión de letras

¿Cuál es el sonido final?

cebo

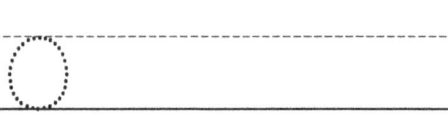

o

cone

ga

balle

jira

Denver International SchoolHouse

Nombre:_____

Revisión de letras

Dibuja líneas a las que tienen los mismos sonidos iniciales.

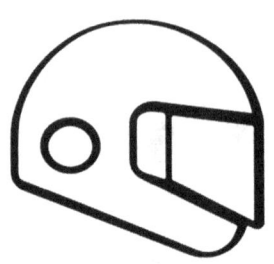		
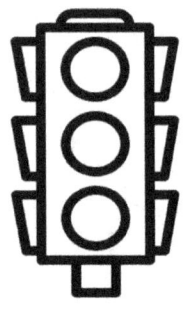		

Denver International SchoolHouse

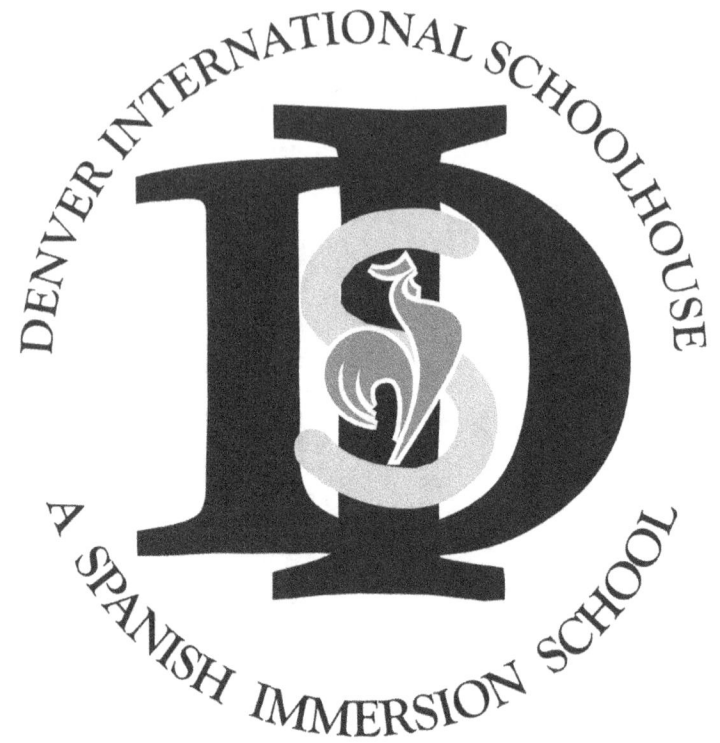

Contáctenos:

Web: www.dispreschool.com

Teléfono: (303) 928-7535

Facebook: @dispreschool

Twitter: @DISPreschool

Dirección: 6295 S Main St B113, Aurora, CO 80016

www.ingramcontent.com/pod-product-compliance
Lightning Source LLC
Chambersburg PA
CBHW051211290426
44109CB00021B/2412